EL TRADER TODOTERRENO

Un enfoque disciplinado y tranquilo
para aceptar el riesgo y beneficiarse de él

Tom Basso

EDICIONES OBELISCO

Si este libro le ha interesado y desca que le mantengamos informado de nuestras publicaciones,
escríbanos indicándonos qué temas son de su interés (Astrología, Autoayuda, Psicología,
Artes Marciales, Naturismo, Espiritualidad, Tradición…) y gustosamente le complaceremos.

Puede consultar nuestro catálogo en www.edicionesobelisco.com

*Los editores no han comprobado la eficacia ni el resultado de las recetas,
productos, fórmulas técnicas, ejercicios o similares contenidos en este libro.
Instan a los lectores a consultar al médico o especialista de la salud ante
cualquier duda que surja. No asumen, por lo tanto, responsabilidad alguna
en cuanto a su utilización ni realizan asesoramiento al respecto.*

Colección Empresa
EL TRADER TODOTERRENO
Tom Basso

Título original: *The All Weather Trader*

1.ª edición: junio de 2024

Traducción: *David George*
Maquetación: *Juan Bejarano*
Corrección: *Sara Moreno*
Diseño de cubierta: *Enrique Iborra*

Edita: Ediciones Obelisco, S. L.
Collita, 23-25. Pol. Ind. Molí de la Bastida
08191 Rubí - Barcelona - España
Tel. 93 309 85 25
E-mail: info@edicionesobelisco.com

ISBN: 978-84-1172-166-0
DL B 9549-2024

Impreso en SAGRAFIC
Passatge Carsí, 6 - 08025 Barcelona

Printed in Spain

ada pequeña acción que llevas a cabo implica un riesgo. Piensa en tus acontecimientos cotidianos más comunes: el trayecto en coche hasta el trabajo, cruzar la calle y la multitarea con la mente ausente. Puede que no parezcan algo arriesgado, pero pueden tener unas consecuencias peligrosas.

El riesgo se encuentra por doquier. Tanto si se trata de tu bienestar como de tu estado financiero o de cualquier otra parte importante de la vida, experimentas el riesgo. Es inevitable y encontrará su camino hasta llegar a ti.

Es inevitable, y el miedo es algo natural. Un miedo persistente ha envuelto el mundo de las inversiones. Ha generado barricadas a través de instilación de ansiedad en aquellos que desean entrar en el campo aparentemente de alto riesgo y de elevadas recompensas de la gestión del dinero.

Piensa en lo que ha ocurrido en los mercados financieros a lo largo de las últimas cinco décadas:

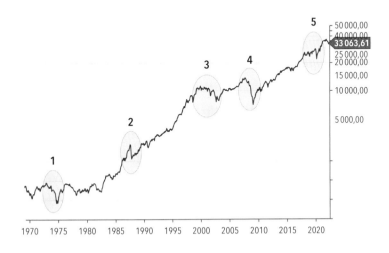

GRÁFICA 1   La media del promedio industrial Dow Jones ($DOWI)
a lo largo de las últimas cinco décadas. Fuente: Barchart.com

3

El mercado bajista de 1973-1974, cuando el índice S&P 500 cayó un 45%.

1.- El Lunes Negro, el 19 de octubre de 1987.
2.- La explosión de la burbuja puntocom en 2000.
3.- La crisis de la vivienda que dio lugar a un colapso económico desde 2008 hasta 2009.
4.- La pandemia de la COVID-19, que provocó un caos económico global en 2020.

Estos sucesos dieron como resultado un desastre para las familias de todo el mundo, que provocó que algunas perdieran todo lo que tenían en un breve período de tiempo. Algunos inversores se encontraron prácticamente fuera del juego. Ver cómo estos eventos angustiantes les sucedían a amigos y familiares tuvo un efecto emocional sobre los traders, y esto ha estado sucediendo durante décadas.

Lo he experimentado de primera mano y soy muy consciente del riesgo que asumen los inversores al invertir en cualquier mercado. Vi cómo esto le sucedía a mi padre en tiempo real. Como cartero del Servicio Postal de Estados Unidos, mi padre, Carlo Basso, tenía un buen trabajo. Nacido de padres italianos que sufrieron toda la Gran Depresión, tener un empleo estable con una pensión era todo lo que podía haber deseado, lo que suponía un sentimiento compartido por la mayoría de la gente de su generación. Consideraban el mercado de valores como un casino: una *apuesta* en la que cada mano que se repartía podía suponer el enorme premio o la pérdida que podía hacer desaparecer todo su montón de fichas. En lugar de ello se ponía la fe en un salario constante, las prestaciones y un plan de jubilación.

Carlo Basso sabía que quería más, y quería invertir, pero no quería ser parte de la *apuesta*. En lugar de eso, quería meter su dinero en algo más seguro y menos volátil. Tomó el dinero que había presupuestado como ahorros y lo metió en lo que pensó que era la inversión más segura en esa época: certificados de depósito en una asociación local de ahorro y préstamo. Invertir en una asociación de ahorro y préstamo era la vía conservadora. No estaba invirtiendo en bienes inmuebles ni en un mercado de valores volátil. Había eliminado todo el riesgo percibido y había tomado el camino seguro.

El sector de los ahorros y los préstamos se desplomó poco después de esto, en 1980, cuando los tipos de interés a corto plazo subieron más que los tipos a largo plazo y la curva de rendimiento se invirtió. Después de un rescate de 200 000 millones de dólares por parte del Gobierno, prácticamente se resarció por completo a estos inversores, que pudieron recuperar buena parte de sus pérdidas. Afortunadamente, mi padre conservó su empleo en Correos, de modo que pudo seguir sosteniendo a su familia y a sus tres hijos, que estaban creciendo.

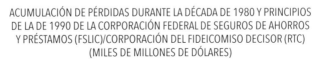

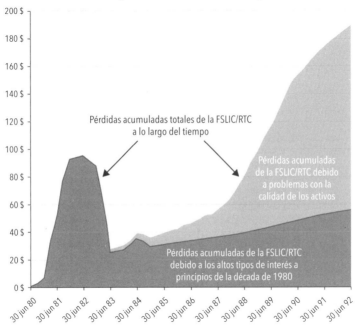

GRÁFICA 2   Un resumen de la debacle de los ahorros
y los préstamos de principios de la década de 1980.

La familia de Carlo se encontraba entre las pocas afortunadas, pero otras no tuvieron tanta suerte durante la caída de las asociaciones de ahorros y préstamos. Se puede decir lo mismo de la Gran Depresión, el Lunes Negro, la pandemia de la COVID-19 y cualquiera de los otros movimientos famosamente funestos del mercado de valores. Unos pocos fueron afortunados o astutos, pero la mayoría no lo fue. La lección que aprendí del problema de mi padre con la crisis de las asociaciones de ahorros y préstamos fue que, incluso cuando inviertes en un entorno que es el que parece más libre de riesgo, una inversión nunca está totalmente libre de riesgo. Las cosas pueden cambiar en un instante, y si tu patrimonio o capital está dedicado a una inversión y esa inversión se mueve rápidamente en tu contra, puedes encontrarte con unas pérdidas importantes. Todavía no había aprendido mucho sobre el poder de la diversificación y del enfrentarme al riesgo, que a la larga se convertirían en el núcleo de mi trayectoria profesional futura como gerente de cartera.

En mis años gestionando el dinero de otras personas, he aprendido que ningún trader puede esconderse del riesgo, ya que éste te encontrará. La única forma de verdad para prepararte contra el riesgo no consiste en esconderte de él, sino en abordarlo de frente. En este libro describiré algunas formas que aprendí para enfrentarse al riesgo y beneficiarse del proceso. Todas estas ideas son lo suficientemente sencillas como para que puedas adoptar los conceptos, modificarlos para que se adapten a tu cartera de inversión, o inventar algunas formas nuevas de mejorar el rendimiento de tu cartera de inversión y convertirte en un trader todoterreno.

¿Inversor o trader?

Puedes pensar en ti mismo como en un inversor porque estás «en ello a largo plazo». He oído esas frases exactas demasiadas veces; pero aquí tenemos una noticia de última hora para todos los que están intentando gestionar tu riqueza: ¡TODOS SOMOS TRADERS! Comprar cualquier cosa con la intención de venderla en algún punto del camino es trading. Por lo tanto, en este libro, usaré el término «trader» para etiquetarnos todos nosotros, que estamos abordando el reto de lidiar con los mercados financieros.

¿Conservador o agresivo?

Puedes pensar en ti mismo como en uno de dos tipos de trader: conservador o agresivo; pero me gustaría lanzarte otra bomba. Pese a que mi padre se consideraba «conservador», en última instancia no lo era. Asumió riesgos, y esos riesgos se hicieron realidad. Por lo tanto, a partir de este momento en tu viaje en el trading, quiero que pienses en esforzarte por obtener unos mejores rendimientos mientras reduces los riesgos a lo largo del camino. El lugar en el que acabes no tiene por qué ser conservador o agresivo. Será tu propia forma personalizada (y no la de nadie más) de ocuparte de tu cartera de inversión.

¿Una cartera de inversión grande o pequeña?

Puede que tengas una cartera de inversión pequeña y que acabes de empezar. Quizás sólo tengas unos pocos miles de dólares que hayas logrado juntar para empezar. Yo empecé con una cuenta de margen de 2000 dólares en 1974, y sigo recordándolo bien. Cuando era gestor de cartera en Trendstat Capital, mi personal y yo gestionábamos 600 millones de dólares.

Las ideas que aparecen en este libro puede que sean más fáciles de implementar con unas cantidades enormes de dinero, pero eso no significa que no puedas aplicar las ideas que se proporcionan con unas cantidades de dinero menores. He creado muchos ejemplos en el libro usando unas carteras de inversión bonitas y grandes con unas cifras redondas como 100 000, 1 millón o incluso 10 millones de dólares para hacer que las explicaciones fuesen matemáticamente sencillas de comprender. Sé que la mayoría de la gente no opera con esas cifras. Estoy, simplemente, intentando mostrar el efecto de los conceptos del trading todoterreno que estoy explicando. Estas ideas puede usarlas cualquiera, independientemente del tamaño de su cartera de inversión.

Las carteras de inversión más pequeñas sufrirán de lo que llamo granularidad. En otras palabras, la predictibilidad del uso del concepto no es tan perfectamente predictiva con una cartera de inversión pequeña como con una grande. Los resultados son un poco más una cuestión azarosa desde el punto de vista estadístico. Al igual que mirar una imagen granulada en tu televisor con todo tipo de puntos negros por toda la imagen, los resultados granulados en el trading significan que, aunque un concepto de trading funcione estadísticamente en una gran muestra de operaciones, existe la posibilidad de que en cualquier momento no funcione. Cuanto mayores sean el tamaño de la muestra y la cartera de inversión, menor probabilidad habrá de granularidad al aplicar los conceptos.

Es como hacer una encuesta. Si le hago a 10 personas una pregunta de una encuesta y las respuestas son que 6 personas se sienten de una forma y 4 de otra, obtendré una ligera idea de cuál es su estado de ánimo. Sin embargo, si hago una encuesta a 10 000 personas y formulo la misma pregunta, obtendré una respuesta menos granular en cuanto a su estado de ánimo. Si 7263 personas contestan a la pregunta de una forma y 2737 de la otra, tendré una mayor confianza en que el resultado es una verdadera representación del estado de ánimo de este mayor tamaño de muestra. Ambos tamaños de muestra son lo que son. La muestra de mayor tamaño es menos granular y más precisa.

Si empiezas con poco, asume el reto de hacer que tu cartera de inversión crezca. Trabaja con un poco más de empeño en tu empleo, ahorra lo que puedas y añade ese dinero a tu cuenta de trading. Haz crecer tu cartera de inversión usando las técnicas del trading todoterreno. Si sigues haciéndolo, quizás, en el futuro, llegue el día en el que gestiones millones de dólares.

¿Hombre o mujer?

Obtengo estadísticas en mi página web, enjoytheride.world, que me dicen que más del 80 % de mis seguidores y de la gente que visita mi portal son hombres. Me llegan preguntas de vez en cuando de vosotras, mujeres, pero el trading parece seguir siendo un empeño abrumadoramente de hombres, por lo que usaré el pronombre masculino al hablar de los traders. Asume que la persona que está practicando el trading es hombre, mujer o de cualquiera de los otros géneros que existen en esta época.

El problema persistente en la gestión de carteras

El paisaje de la gestión de carteras es muy distinto en la actualidad en comparación con hace décadas. He estudiado los mercados durante medio siglo y hace poco he visto cambios espectaculares en cuanto al comportamiento de los inversores. La tecnología ha hecho posible ver las cotizaciones en tiempo real, al segundo, lo que significa que la volatilidad puede calcularse al minuto. Los traders experimentan estas oscilaciones salvajes, tanto las buenas como las malas. El pánico que se asienta para los traders es real y se da rápidamente.

El trading tiene que ver con la mitigación del riesgo. ¿Por qué no *enfrentarse al riesgo,* de modo que puedas llegar al campo de batalla en tus propios términos, y no en los del mercado? Esto es lo que yo llamo ser un trader todoterreno.

El trading todoterreno
Los principales mercados de valores son volátiles, pero pese a ello es aquí donde la mayoría de los inversores minoristas quieren meter su dinero. La razón es sen-

cilla. Las acciones son fáciles de entender y captan toda la atención de los medios. Las acciones son, también, enormemente líquidas en la mayoría de los casos, por lo que pueden moverse fácilmente miles de millones de dólares de un valor a otro. Muchos creen que el elevado riesgo de invertir en el mercado de valores da lugar al potencial de unos altos rendimientos. Una fluida curva de su patrimonio hacia arriba y hacia la derecha: eso es todo lo que mis clientes inversores querían ver durante mis años en Trendstat Capital.

Sin embargo, las pérdidas son casi imposibles de eliminar porque no siempre es posible estar en el lado correcto de un mercado. No creo que haya nadie ahí fuera que pueda predecir lo que sucederá cualquier día o semana dados. Todos los mercados tienen una forma insidiosa de engañar a la mayoría de los traders la mayor parte del tiempo. Sin embargo, pensar en el riesgo y en las posibles pérdidas como una oportunidad puede situar al trader en el marco mental adecuado para un enfoque todoterreno con respecto al trading. Aunque enfrentarse al riesgo puede ayudar a mitigar algunos de estos días malos, seguirán apareciendo otros pocos. Esto forma parte del este reto que llamamos trading.

El trader todoterreno intentará protegerse de buena parte de la volatilidad que se ve en los mercados, por lo que no debería suponer ninguna sorpresa que mencione la volatilidad con bastante frecuencia. Con todas las grandes oscilaciones que presenciamos en áreas como los precios de las acciones tecnológicas, las compañías que empiezan a cotizar en bolsa y las criptomonedas, hay mucha volatilidad de la que hablar. El trader todoterreno emplea esa volatilidad en su beneficio, en lugar de esconderse de ella. Al igual que un vaquero doma a un garañón para conseguir un gran caballo de trabajo, el trader todoterreno está centrado en el lugar del que puede proceder la volatilidad y cómo puede usarla proactivamente a su favor para hacer que su cuenta sea menos volátil. No recurre a evitar el riesgo y, así, sufrir los menores rendimientos que pueden acompañar a una forma de invertir «conservadora».

El trader todoterreno no está intentando eliminar valores ni ningún mercado concreto. De hecho, ese trader está intentando conseguir resultados allá donde puedan encontrarse. Esta filosofía con respecto al trading simplemente expande el universo de las inversiones y distribuye los activos a lo largo de múltiples caminos y continentes de forma estratégica, generando la capacidad de obtener rendimientos en cualquier situación económica.

Ésta es una filosofía en cuanto al trading que he implementado con éxito muchas veces. No es algo que se me ocurriera ayer y que pusiera en marcha. He jugado a este juego durante bastante tiempo. Ha sido un proceso que ha llevado tiempo desarrollar, ajustar y ejecutar, pero este concepto no ha hecho sino rendir bien para mí, proporcionando unos resultados regulares y constantes a lo largo del tiempo mientras, a la vez, me permitía tener una mentalidad tranquila.

No existe un botón «fácil»

Como gestores de cartera, somos muy conscientes del mantra de nuestros clientes:

Consígueme un buen rendimiento con un riesgo mínimo.

Este objetivo universal para las inversiones parece estar muy metido en la mente de muchos inversores minoristas en la actualidad. La razón es que la tecnología disponible hace que parezca como si esto fuera posible. En un mundo en el que las redes sociales muestran a gente exhibiendo grandes rendimientos y hay autoproclamados expertos que fanfarronean diciendo saber qué compañía será la siguiente Amazon, es normal que la gente piense que este dinero caído del cielo es posible.

Sin embargo, en el mundo real de las inversiones, sé que el riesgo se encuentra por doquier. No hay ganadores garantizados y nadie puede determinar realmente qué inversiones serán perdedoras. Existe una relación entre recompensa y riesgo, y para conseguir esa recompensa debes asumir el riesgo.

Mediante la creación de un plan de trading todoterreno, creo que podrás ir a por esos rendimientos que buscas, sin preocuparte de lo que vaya a suceder a continuación, y sí, durmiendo bien por las noches como el señor Serenidad.

CAPÍTULO 1

¿Cuál es la inversión perfecta?

La inversión perfecta tiene un aspecto similar a éste: un rendimiento o beneficios del 20 % de tus inversiones año tras año, muy poca exposición a distintos mercados (haciendo que sea fácil monitorizar los movimientos de precios) y una plataforma *online* que prediga las fluctuaciones del mercado con una precisión del 100 % y un riesgo cero.

Así pues, ¿a dónde puede dirigirse alguien para encontrar esta fórmula mágica? Ya sabes la respuesta: *¡A NINGÚN LUGAR!* Esta idea de tener respuestas definitivas para cada reto en los mercados es un mito. No existe, y si existiese, los gestores de cartera estarían peleándose y abriéndose paso a codazos hacia un puesto dentro de esta estrategia perfecta. Todos sabrían ya dónde sería mejor que metieran sus fondos.

Ciertas estrategias de inversión pueden parecer perfectas. Cuando un inversor ve que a otro le va bien, quiere conocer el «secreto» para poder mejorar también sus rendimientos. La idea de una riqueza que te cambie la vida es el cebo que tienta a muchos a buscar la inversión perfecta. Tanto si implementan la estrategia ellos mismos como si contratan los servicios de un gestor de cartera para que lo haga por ellos, los inversores simplemente quieren la seguridad y la protección de saber que su cuenta está creciendo constante y significativamente.

¿Y cuando los rendimientos caen? Bueno, es entonces cuando se asienta el pánico. Esto puede llevar a roces entre los inversores y sus asesores financieros.

Los inversores tienen la suposición subyacente de que el asesor financiero dispone de una llave única que abre la puerta de esa fórmula mágica que hará que las cosas cambien. Pese a ello, esto no es posible porque no hay una estrategia universal que sea óptima para cada cliente.

Los traders experimentarán caídas a lo largo del camino. El pánico también puede asentarse ahí, haciendo que tomar decisiones sobre qué o cuándo comprar o vender sea algo difícil de ejecutar. Esta angustia puede provocar que el trader abandone un plan bien pensado y que busque nuevas estrategias que suenen bien en ese momento. Créeme, gusta más lo ajeno por ajeno que por bueno. No existe una forma universal de conseguirlo.

Como traders, todos somos conscientes de que no hay una estrategia perfecta, pero pese a ello la seguimos buscando. Cada uno de nosotros, seamos traders minoristas o gerentes de cartera, estamos ajustando constantemente e intentando encontrar esa estrategia que todos sabemos que es imposible alcanzar. El trading me recuerda al golf. Hay una ronda perfecta (dieciocho *birdies)* por la que luchar, pero nunca se ha producido.

Permaneciendo con la analogía del golf, los asesores financieros podrían considerarse como los profesionales del club de golf. Los profesionales del club lo saben todo sobre el recorrido del campo. Hablan con los jugadores que entran en la tienda de deportes para responderles a preguntas sobre la próxima partida. Estudian las tendencias diarias y saben qué ha ido bien y dónde se ha encontrado la gente con dificultades. Éstas son las razones por las cuales a muchos jugadores de golf les gusta pedirles consejo antes de dirigirse al primer *tee.*

Pese a disponer de estos grandes conocimientos, no pueden dar las mismas indicaciones a cada jugador que acude a ellos. Cada uno de los jugadores es distinto. Cada uno tiene distintas habilidades de juego. No se le pueden dar los mismos consejos a un principiante que a un jugador con un hándicap alto para jugar un recorrido, y tampoco desearían ese tipo de información. Cada jugador, además, tiene su propia versión de lo que es un buen resultado. Para ese jugador con un hándicap alto, un resultado de noventa y nueve golpes podría ser genial, pero para un buen golfista, un resultado de noventa golpes podría ser algo que desearía olvidar.

Cada jugador de golf es distinto, al igual que pasa con los traders. Cada trader acude al reto con un número finito de activos con los que operar, un conjunto de habilidades actual, una cantidad finita de tiempo que puede permitirse para desarrollar una estrategia y una cierta cantidad de tiempo que puede dedicar para la ejecución cotidiana de la estrategia que desarrolle. Sería una locura para cualquier trader que intentara hacer exactamente lo que hago yo, del mismo modo que sería una locura que yo intentara copiar a Jack Nicklaus o a Tiger Woods en el campo de golf. Cada uno de nosotros tiene un rompecabezas financiero personal que resolver, y cada trader tendrá una solución distinta para su rompecabezas personal. Mi objetivo aquí es hacerte pensar en la filosofía de convertirte en un trader todoterreno y ayudarte a desarrollar tu propia estrategia de trading personalizada: una que pueda superar los temporales que hay por delante mientras disfrutas de los buenos tiempos.

El juego del dinero

El golf es un juego al que muchos de nosotros hemos jugado. Tanto si disfrutas jugando al golf como si no, hay un hecho que todos podemos encontrar interesante: nadie ha conseguido nunca un resultado perfecto. Para un campo de golf de dimensiones tradicionales, un resultado perfecto sería de alrededor de cincuenta y cuatro golpes, lo que significaría que usarías tus palos cincuenta y cuatro veces desde el *tee* inicial hasta el último *putt* para embocar la pelota en el *green* del hoyo dieciocho.

Es increíble que nunca haya habido un resultado perfecto en un deporte que se remonta al siglo xv. Han pasado millones de jugadores. Especialmente en las últimas décadas, la práctica profesional del golf se ha convertido en una afición a nivel mundial. Hay padres que crían ahora a sus hijos desde una tierna edad para que se conviertan en golfistas con aspiraciones de unirse al PGA Tour (el principal circuito estadounidense de golf profesional y el más importante del mundo) y se hagan un nombre. Tiger Woods, Phil Mickelson y Annika Sörenstam son personajes famosos con muchas victorias en su haber, y pese a eso, ninguno de ellos ha conseguido un resultado perfecto. Al ser entrevistados después de su mejor ronda personal, siempre pudieron decir: «Bueno, si hubiese embocado ese *putt* desde dos metros y medio habría mejorado mi resultado por un golpe».

Con esto no quiero decir que estos golfistas no sean geniales. Lo cierto es que la simple existencia del error humano hace que sea imposible que cada golpe dado sea perfecto. Hay demasiadas variables en juego. En un juego en el que se hacen tantos *swings,* es inevitable que una pelota se golpee imprimiéndole un efecto no deseado hacia derecha o la izquierda, o puede que malinterpretes un *putt* en un *green* rápido y que la pelota se pase del agujero, baje rodando por una pendiente y acabe en el *rough*.

Tanto si eres un golfista profesional como un gestor de cartera que disfrute practicando el golf de vez en cuando, el objetivo cuando sales al campo es hacer una cosa: ser mejor que en la última partida. La meta consiste en intentar eliminar los errores que has experimentado en tu juego y disfrutar de la experiencia mientras lo haces.

Cuando practicas, intentas mejorar. Practicas hasta que la parte más floja de tu juego desaparece, y entonces encuentras una *nueva* debilidad en la que trabajar. Hubo una época en la trayectoria de Tiger Woods en la que golpeaba la pelota y la desplazaba hasta casi trescientos metros desde el *tee*. En su mejor época, su *drive* era algo increíble de ver, pero pese a ello, seguía sin ser capaz de conseguir un resultado perfecto, por lo que ahí estaba, practicando con todos los demás.

Con el trading pasa lo mismo. Nadie ha conseguido nunca una puntuación perfecta con las inversiones, y no hay ningún gestor de cartera en el mundo que pueda afirmar haberlo hecho.

El trading, al igual que el golf, requiere de práctica constante. El trader sólo puede intentar hacerlo lo mejor posible, seguir practicando y trabajar para mejorar en el proceso. En el caso del golf, el riesgo de dar un golpe con un efecto indeseado hacia la izquierda o la derecha sigue siendo constante con cada golpe que das. El riesgo es inevitable. Mientras estés jugando en el campo estás asumiendo un riesgo.

Lo mismo puede decirse de invertir: el riesgo está a todo tu alrededor. La estrategia ganadora aquí consiste en *mitigar* el riesgo. Si, por ejemplo, tenías una estrategia implementada que podría proporcionarte, potencialmente, un beneficio del 12 % pero que, pese a ello, implica mucho riesgo, ¿sería mejor, en lugar de ello, conseguir un beneficio del 10 % si el riesgo se viera enormemente reducido? ¿Valdría la pena el sacrificio de ese 2 %? ¿Tiene sentido, matemáticamente hablando? ¿Y psicológicamente? ¿Dormirás mejor por la noche sabiendo que hay una menor probabilidad de que aparezca el riesgo y que fastidie tus beneficios mientras duermes?

En el golf, el resultado perfecto es imposible de conseguir, pero eso no debería evitar que salgas al campo y practiques. Entonces te sitúas en la mejor posición posible para pasar una excelente jornada en el campo. El trading trae consigo la misma mentalidad: puedes intentar reducir continuamente todo el riesgo y mejorar tus probabilidades de tener una buena salida al campo con tu cartera de inversión. Mi consejo es que aceptes el hecho de que nunca tendrás de verdad una cartera de inversión perfecta y con un riesgo cero, ni la estrategia de trading perfecta. Todo lo que puedes hacer es seguir sopesando opciones, estudiar los datos, adaptar tus estrategias y situarte en la mejor posición posible para el éxito. Después de hacer todo eso, y como le he dicho frecuentemente a mis amigos traders, tienes que disfrutar del viaje.

Patrimonio neto frente a riqueza neta

Los planes futuros se basan enormemente en lo que seas capaz de conseguir con tus inversiones. Ésa es la razón por la cual esta idea del riesgo tiende a infundirnos miedo, ya que cuando asumimos riesgos, podríamos estar jugándonosla a tener alguna pérdida en una porción importante de nuestra cartera de inversión, y eso enturbia nuestra visión del futuro. Saber que hay un pago de 10 millones de dólares que te llegará el año que viene te permitiría hacer planes con respecto a eso. Conocer el momento en el que sucederá eso te proporcionaría un programa para tu trabajo, y para cuando ese dinero llegase, es de esperar que estuvieses preparado para ocuparte de ello.

No saber lo que nos tiene preparado el futuro es más desafiante. No sabes si tu estrategia de trading será rentable o no. No sabes muy bien cómo podrás hacer crecer tu cartera de inversión a lo largo del tiempo. No sabes que hará el mercado. Todo tu plan financiero es como una nube densa a través de la cual no puedes ver. ¿Cómo es posible que descifrar todo eso no sea estresante?

Mucha gente se centra en el objetivo universal de la inversión: ganar mucho dinero con poco riesgo, incrementando el patrimonio neto con el tiempo. Yo tengo una mentalidad distinta en lo tocante al objetivo de la conservación de los activos. Lo que todo el mundo debería buscar de verdad es conservar su *riqueza*, no su *patrimonio neto*. Hay una diferencia entre los dos. El *patrimonio neto* es el término general al que todo el mundo recurre cuando se trata de asignar un valor a los activos. Sin embargo, la *riqueza neta* es la que te proporciona poder adquisitivo. El *patrimonio neto* consiste, simplemente, en restar lo que debes de lo que posees. Tu *riqueza neta* es lo que puedes comprar con tu patrimonio neto.

En el mundo de las inversiones, esta idea de conservar los activos debería tener prioridad sobre cualquier otra cosa. Si quieres una nueva perspectiva, intenta centrarte en el concepto de la riqueza neta. Puedes conseguir todos los beneficios que quieras en una cierta categoría de activos, pero si esos beneficios se están viendo superados por un evento monetario negativo, esos beneficios serán en vano. Toma, por ejemplo, las ganancias en inversiones frente al valor de una cierta divisa. Si eres capaz de obtener un beneficio del 8 % a lo largo de un cierto período de tiempo en una inversión estadounidense, pero el dólar pierde un 9 % de su poder adquisitivo, ¿realmente has ganado al final? Ciertamente, el valor numérico muestra una ganancia en tu patrimonio neto, pero cuando tienes en cuenta el valor del dólar, el resultado final es una pérdida de tu riqueza neta y de tu poder adquisitivo.

Otro ejemplo de esto se encuentra en las cuentas de ahorro o del mercado monetario que mucha gente usa para guardar su dinero. En la actualidad, estas cuentas tienen un rendimiento anual de un 0,5 % en el mejor de los casos. Si tienes en cuenta el hecho de que la inflación ha sido de alrededor del 8 % anual en los últimos meses en el momento de la redacción de este libro, uno *pierde*, de hecho, riqueza neta invirtiendo en una de estas cuentas. Mientras el dinero está quieto, pierde poder adquisitivo.

Todas las divisas del mundo se han visto afectadas, sistemáticamente, por la inflación. El dólar estadounidense, además de muchas otras divisas extranjeras, han estado deteriorándose a un ritmo tan rápido que casi parece como si estuviesen en una carrera hacia el fondo, y todos los países están intentando ganar esa carrera con todas sus fuerzas. ¡Son unos tiempos locos!

Por supuesto, las cosas pueden cambiar rápidamente. En el momento en el que estoy escribiendo este libro, varias divisas están cayendo en picado y las criptomonedas están en el foco de atención. ¿Seguirá está tendencia en los próximos años y décadas? Es bastante posible. No obstante, no olvides tener en cuenta las regulaciones y las restricciones. Recuerda que las naciones crearán leyes para gobernar según crean mejor para ellas, y que deberás monitorizarlas detenidamente si quieres conservar tu riqueza neta.

No hay ningún castillo en el aire

Dejando de lado las normas, las regulaciones, los factores externos y los mitos, la inversión perfecta seguiría sin existir. Hay demasiadas fuerzas que interfieren en el proceso. Hay demasiada información que podemos ver que influye en las decisiones que tomaremos. Las revistas, los periódicos, los canales televisivos de negocios, los pódcast o incluso las conversaciones con tus colegas o vecinos podrían conducirte hacia una nueva forma de pensar. Es la razón por la cual las estrategias de comprar y conservar nunca parecen funcionar. Hay demasiada persuasión a todo nuestro alrededor que enturbia nuestro pensamiento y provoca que pasemos a nuestra próxima inversión.

¿Cuántas veces has escuchado el rumor, de boca de un amigo, sobre un activo de moda? ¿Cuántos mensajes de texto has recibido diciéndote que evaluases una nueva criptomoneda listada, una salida a bolsa inminente o cualquier otra tendencia prometedora? ¿Qué han hecho estas conversaciones con la zona de confort que tienes con tu estrategia actual? Si eres como el 99 % de las personas que se dedican al trading, las noticias de este tipo te estimulan a pensar en abandonar tu estrategia bien trazada y a pasar a otra cosa.

El tema del dinero y las inversiones aparece todo el tiempo en tu vida cotidiana. Es imposible que alguien destine fondos a una inversión y que luego no vuelva a fijarse en ella durante veinte años. Eso es cierto para los gestores de cartera *y* para sus clientes. Convertirte en un trader todoterreno tiene este factor en cuenta y te ayuda a eliminar ese deseo de estar siempre involucrado en los mercados correctos.

Mi mentalidad, de la que hablaré ampliamente en el capítulo 11, desempeña un papel importante en cómo gestiono mis inversiones para mantener las distracciones bajo mínimos. Llevo practicando el trading, ya sea para clientes o para mí, desde hace cincuenta años, y he visto a muchos traders caer en la trampa emocional de perseguir estrategias y beneficios candentes. Ésa es la razón por la cual el enfoque que comparto contigo en este libro se ha diseñado teniendo esto presente. Es una filosofía de inversión que no sólo diversifica contra las pérdidas, sino contra tu deseo emocional de hacer cambios drásticos basados en la información que oyes a diario que puede distraerte de tu plan bien trazado.

Las pérdidas y las recuperaciones no son simétricas

Esto se ha tratado en muchos lugares en la prensa financiera, pero vale la pena repetirlo aquí. Cada vez que sufres una pérdida, es necesario que consigas un porcentaje de beneficio superior al de la pérdida para, simplemente, cubrir la pérdida en el momento en el que comenzó. Examina las cifras en la siguiente tabla:

Magnitud de las pérdidas (%)	Porcentaje necesario de recuperación para cubrir las pérdidas
-1,00	+1,01
-5,00	+5,26
-10,00	+11,11
-20,00	+25,00
-30,00	+42,86
-40,00	+66,67
-50,00	+100,00

GRÁFICA 3   Pérdidas y porcentajes necesarios para la recuperación.

Si un trader puede lograr que las pérdidas sean pequeñas (digamos de menos de un 20 %), no es un reto insuperable conseguir un beneficio suficiente para alcanzar nuevos máximos en la curva del patrimonio neto; pero si permites que las pérdidas sean excesivas y alcancen unos niveles incómodos, te enfrentarás a un reto mayor que requerirá de unos beneficios bastante importantes para cubrir las pérdidas o incluso conseguir ganancias.

Estate preparado

Estar preparado no supone ningún inconveniente. Los humanos se preparan para las tormentas abasteciéndose de agua, papel higiénico y alimentos en conserva. Nos preparamos para pasar semanas y más semanas sin comida ni agua en una época en la que la tecnología puede hacer que drones nos traigan productos volando. Si estamos dispuestos a prepararnos de más en cosas que tienen que ver con nuestra salud y supervivencia, no deberíamos tener problemas para prepararnos para eventos de la esfera de nuestro bienestar financiero.

No existe la inversión perfecta, pero sigue habiendo indicadores clave que implementar que pueden hacerte llegar muy cerca de la perfección de forma razonable. En el caso de los principiantes, es necesario saber qué puedes tolerar en lo tocante al riesgo.

Para mi padre, asumir riesgos no formaba parte de su estrategia. Deseaba tener una inversión segura que creciese lentamente a lo largo del tiempo. Compara eso con muchos de los inversores en acciones tecnológicas actuales y te podrás hacer una idea de personas que se encuentran en los dos extremos del espectro del riesgo. Si no calculas el riesgo antes de invertir, tus activos podrían acabar como un barquito en medio de una gran tormenta.

El siguiente paso consiste en identificar los riesgos potenciales. ¿Te estás fijando en las tendencias históricas, haciendo preguntas y leyendo libros como éste para ampliar tus conocimientos? ¿Te estás fijando en la liquidez y los costes y ejecutando simulaciones sobre cualquier estrategia concreta que estés contemplando? Haciendo estas cosas estarás mejor preparado para enfrentarte a muchos más escenarios que una persona corriente.

Yo no nací conociendo todos los secretos. Primero, cuando era joven, tuve que aprender a gestionar mis propios activos. Luego pasé veintiocho años en el sector de la gestión de carteras, tanto como asesor de inversiones autorizado por la Comisión de Valores y Bolsa de EE. UU. y como trader de futuros autorizado por la Agencia Reguladora de los Mercados de Futuros. También me dediqué al trading de divisas durante dos décadas. Entonces me jubilé en 2003 y pasé casi dos décadas diseñando y ejecutando estrategias de trading para nuestras propias carteras de inversión. Me he dedicado a esto durante décadas, trabajando en distintas estrategias diseñadas para abordar un tipo de riesgo u otro. Este libro es la culminación de toda una vida de aprendizaje, de adaptación y de reunirlo todo en una mentalidad que creo, sinceramente, que cualquiera puede adaptar a su propia situación. Es una culminación de todas las cosas que he aprendido. He lidiado con el riesgo durante medio siglo, exponiéndolo, enfrentándome a él y gestionándolo. Ciertamente, el riesgo me dio algunos puñetazos en el pasado, pero el tiempo y la energía que dediqué abordando el riesgo es lo que me ha permitido salir indemne de la tormenta. La preparación es lo que me permitió tener la confianza para escribir este libro y tener un efecto en la vida de otros que buscan enfrentarse a ese riesgo de cara.

Puede que no haya una inversión o una estrategia perfectas, pero hay un enfoque filosófico perfecto frente al reto, que consiste en estudiar continuamente y prepararse para lo que está por venir. Pasa lo mismo que con el tiempo, que siempre está cambiando, por lo que vale la pena tener un paraguas a mano, por si acaso.

CAPÍTULO 2

La creación de mi filosofía todoterreno

Los inversores y los gestores de cartera saben que la inversión perfecta no existe. Los contenidos del capítulo anterior no son nuevos para cualquiera que haya tenido, aunque sea, la exposición más mínima a los mercados. La volatilidad es de esperar, al igual que pasa con las pérdidas. Pese a ello, estamos continuamente obsesionados por el éxito de otros a los que les va mejor que a nosotros. El objetivo que nos han vendido consiste en ganar la batalla actual, en lugar de centrarnos en ganar la guerra.

Las empresas y los inversores implementan distintas estrategias a todos los niveles, y la idea subyacente a cada una de ellas es lidiar con el riesgo. ¿Cuál es el mercado con un mejor rendimiento? ¿Dónde ha estado fluyendo el dinero y dónde han estado los mayores beneficios? Es esta mentalidad de corto plazo lo que hace que muchos inversores acaben en una idea de la inversión a corto plazo que en muchas ocasiones no permanece en su cartera de inversión durante demasiado tiempo. Una vez más, estos traders buscan ganar la batalla y se olvidan de ganar la guerra. Quedan enredados en un torrente continuo de lo que creen que son decisiones sensatas que no parecen funcionar de la forma que hubieran esperado, y entonces pasan a la siguiente idea genial. Cambian, se decepcionan y repiten. No es un viaje muy agradable en absoluto.

He visto los indicios desde hace muchos años. Los traders rara vez ven una estrategia de trading completa que cubra todos los aspectos de ser un trader todoterreno. Cuando los mercados oscilan fuertemente en una dirección, una par-

21

te del pensamiento del trader será la de retirarse de esta cosa que está yendo en su contra. Otra parte del cerebro está pensando: «Esta cosa está barata ahora. Quizás debería comprar más». Entonces, un movimiento de vuelta en el otro sentido hace que las cifras regresen a la normalidad y los pensamientos vuelven a cambiar. Esta idea de que siempre estás luchando contra ti mismo y contra cualquier asesor al que estés escuchado provoca mucho estrés y dudas y acaba suponiendo una forma terrible de operar, ya que, en realidad, el trader no tiene una estrategia. Muchos van actuando sobre la marcha mientras los mercados les arrojan diversas condiciones y movimientos.

Analízate en cuanto a los sesgos

Convertirte en un trader todoterreno resuelve o mata varios problemas de un solo tiro. No sólo proporciona formas de participar en movimientos positivos para la cartera de inversión con una reducción de la probabilidad de una debacle absoluta, permitiendo al trader dormir tranquilamente por la noche, sino que también simplifica los objetivos del proceso del trading. Intenta, directamente, lidiar con distintas formas de riesgo que el trader sabe que existen. Ataca a esos riesgos directamente, lo que puede proporcionar al trader alguna sensación de control. Los traders traerán, conscientemente, todos sus sesgos a la fiesta. Subconscientemente, los traders prefieren un enfoque todoterreno. Lo sé porque hay una sencilla prueba que puedes llevar a cabo.

Creemos una tabla de varias sartas de beneficios variopintos a varios niveles y dejemos que escojas la que puedas preferir. No te voy a explicar los detalles, pero éstos son beneficios históricos reales en índices fácilmente disponibles con distintos niveles de distribución. En este momento, estudia los datos y decide por ti mismo qué estrategia crees que sería la mejor para ti. Pregúntate por qué sería óptima, quizás incluso anotando las razones. Estas estadísticas de beneficios anuales son resultados reales a lo largo de un período histórico de veintiún años. ¿Qué estrategia es la ganadora para ti?

Año	A	B	C	D	E
0	-9,1%	11,6%	11,7%	1,3%	1,3%
1	-11,9%	8,4%	-0,1%	-1,7%	-6,0%
2	-22,1%	10,3%	26,1%	-5,9%	2,0%
3	28,7%	4,1%	11,9%	16,4%	20,3%
4	10,9%	4,3%	2,7%	7,6%	6,8%
5	4,9%	2,4%	0,7%	3,7%	2,8%
6	15,8%	4,3%	8,2%	10,1%	12,0%
7	5,5%	7,0%	8,6%	6,2%	7,0%
8	-37,0%	5,2%	20,9%	-15,9%	-8,1%
9	26,5%	5,9%	-4,8%	16,2%	10,8%
10	15,1%	6,5%	13,1%	10,8%	14,1%
11	2,1%	7,8%	-7,9%	5,0%	-2,9%
12	16,0%	4,2%	-3,5%	10,1%	6,2%
13	32,4%	-2,0%	2,7%	15,2%	17,5%
14	13,7%	6,0%	19,7%	9,8%	16,7%
15	1,4%	0,5%	0,0%	1,0%	0,7%
16	12,0%	2,6%	-6,1%	7,3%	2,0%
17	21,8%	3,5%	2,2%	12,7%	12,0%
18	-4,4%	0,0%	-8,1%	-2,2%	-6,2%
19	31,5%	8,7%	9,2%	-20,1%	20,4%
20	18,8%	7,4%	6,3%	13,1%	12,5%
Rendimiento anual	6,6%	5,1%	5,0%	6,4%	6,5%
Peor año	-37,0%	-2,0%	-8,1%	-15,9%	-8,1%

GRÁFICA 4   ¿Qué inversión te huele mejor?

Ahora veamos qué has elegido.

Año	Acciones S&P 500 TR	Bonos Barclays US AGG TR	Futuros gestionados SG TREND	50/50 acciones/	50/50 acciones/ futuros
0	-9,1%	11,6%	11,7%	1,3%	1,3%
1	-11,9%	8,4%	-0,1%	-1,7%	-6,0%
2	-22,1%	10,3%	26,1%	-5,9%	2,0%
3	28,7%	4,1%	11,9%	16,4%	20,3%
4	10,9%	4,3%	2,7%	7,6%	6,8%
5	4,9%	2,4%	0,7%	3,7%	2,8%
6	15,8%	4,3%	8,2%	10,1%	12,0%
7	5,5%	7,0%	8,6%	6,2%	7,0%
8	-37,0%	5,2%	20,9%	-15,9%	-8,1%
9	26,5%	5,9%	-4,8%	16,2%	10,8%
10	15,1%	6,5%	13,1%	10,8%	14,1%
11	2,1%	7,8%	-7,9%	5,0%	-2,9%
12	16,0%	4,2%	-3,5%	10,1%	6,2%
13	32,4%	-2,0%	2,7%	15,2%	17,5%
14	13,7%	6,0%	19,7%	9,8%	16,7%
15	1,4%	0,5%	0,0%	1,0%	0,7%
16	12,0%	2,6%	-6,1%	7,3%	2,0%
17	21,8%	3,5%	2,2%	12,7%	12,0%
18	-4,4%	0,0%	-8,1%	-2,2%	-6,2%
19	31,5%	8,7%	9,2%	-20,1%	20,4%
20	18,8%	7,4%	6,3%	13,1%	12,5%
Rendimiento anual	6,6%	5,1%	5,0%	6,4%	6,5%
Peor año	-37,0%	-2,0%	-8,1%	-15,9%	-8,1%

GRÁFICA 5 Opciones de inversión con etiquetas.

Supongo que has escogido la opción E, que es la mezcla de un 50 % de futuros gestionados y un 50 % de acciones. ¿Por qué? Estas cinco estrategias tuvieron unos beneficios similares entre sí (entre un +5,0 y un +6,6 %), mientras que los peores años fueron enormemente diferentes (entre un -2,0 y un -37,0 %). ¿Y por qué asumiría que no escogiste acciones o futuros gestionados solos? Es sencillo: menos beneficios con unas cifras de riesgo iguales o peores.

Este sencillo ejemplo muestra algunas verdades interesantes. ¿Si hubieras dispuesto de las etiquetas con antelación y sin datos, habrías elegido una mezcla 50/50 de futuros y acciones? Sé honesto contigo mismo. Podrías pensar que los futuros son demasiado arriesgados o decir: «No sé nada de esa área de las inversiones». Sería descartada por distintas razones.

Sin embargo, cuando se la fuerza a ser imparcial, la gente tiende a tomar decisiones lógicas. Mientras una persona con sesgos podría escoger invertir en acciones de crecimiento, no haría lo mismo si se encontrara en un escenario similar con sólo los datos disponibles. La lección que se debe aprender aquí es que debes desprenderte de las etiquetas, los sesgos, las imágenes de distintas inversiones y asumir el reto mental de averiguar cuál es el mejor enfoque para el trading para cada uno de nuestros rompecabezas financieros personales. ¿Por qué limitar nuestras herramientas? Mantengamos tantas alternativas abiertas como podamos para resolver este rompecabezas.

La estrategia es importante, no las etiquetas

Recuerdo una interesante mañana de sábado a las afueras de San Luis. Me invitaron a dar una charla un grupo de inversores minoristas sobre un programa de trading de futuros con muy poco apalancamiento. Iba, básicamente, a operar con veinte mercados al pie de la letra. Un apalancamiento de cero, cero posibilidades de margen adicional, cero problemas de cumplimiento y unos beneficios extremadamente aburridos. Inicié la presentación con un ejercicio de etiquetado de distintas inversiones de conservadoras a arriesgadas basándome solamente en el nombre de la inversión. Le pedí al grupo que las numerase del 1 al 8, siendo la 1 la menos arriesgada y la 8 la más arriesgada. Le dije al grupo si tenía alguna pregunta, y como no hubo ninguna, les dije que hicieran la prueba. Parecía suficientemente fácil. Todos las completaron rápidamente. Quizás quieras clasificarlas por tu cuenta, simplemente a modo de diversión.

Inversión		Clasificación
	Bonos de Tesoro	
	Futuros	
	Materias primas	
	Acciones	
	Fondos mutuos	
	Divisas del mercado de divisas	
	Bienes inmuebles	
	Oro	

GRÁFICA 6 Clasificando distintas inversiones con respecto
a su riesgo del 1 al 8 (siendo la 8 la más arriesgada).

Entonces le pedí al grupo que me pasara sus papeles y recopilamos todas las clasificaciones. Los resultados no me sorprendieron.

Inversión		Clasificación
	Bonos de Tesoro	8
	Futuros	2
	Materias primas	1
	Acciones	5
	Fondos mutuos	6
	Divisas del mercado de divisas	3
	Bienes inmuebles	7
	Oro	4

GRÁFICA 7 Clasificando distintas inversiones con respecto a su riesgo: resultados.

Esto supuso una introducción genial para lo que estaba a punto de tratar en el estrado. Con esta información, entonces pregunté: «¿Quiere alguien saber cómo gestionaría el riesgo con todas estas inversiones?». Toda la sala me miró con los ojos como platos. No tenían ni idea de qué estaba hablando, por lo que les mostré la siguiente página con una rápida explicación sobre mi forma de pensar sobre la gestión de las inversiones.

Inversión	Clasificación	Estrategia de gestión
Bonos de Tesoro	8	Operaciones de contado con un 10% de margen, madurez a 30 años (peligroso)
Futuros	2	Operación a su valor nominal, sin apalancamiento, que sigue las tendencias (aburrida)
Materias primas	1	Operación a su valor nominal, sin apalancamiento, que sigue las tendencias (aburridísimo)
Acciones	5	Comprar ofertas públicas iniciales y venderlas al cabo de un mes (arriesgado)
Fondos mutuos	6	Comprar y conservar una cesta de fondos (riesgo de pérdidas del 50% en un mercado bajista)
Divisas del mercado de divisas	3	Operación con un 3% de margen, siguiendo las tendencias a plazo medio (locura)
Bienes inmuebles	7	Alquileres sin depósito inicial (destinado a estallar)
Oro	4	Monedas de coleccionista (diferenciales entre la oferta y la demanda amplísimos)

GRÁFICA 8 Clasificando distintas inversiones con respecto a su riesgo, con descripción de la estrategia.

Las bombillas empezaron a encenderse. Entonces comencé a percatarme de que estos inversores tenían sesgada su imagen de las distintas áreas de inversión basándose en lo que habían experimentado, oído a otros, o simplemente según la prensa tratara ese tipo de inversión. La lección que todos aprendieron ese día es que el riesgo depende en gran medida de *cómo* vas a gestionar el riesgo. Si quería dedicar algo de tiempo a esa lista, podía marcar cada ítem como conservador y aburrido o podía gestionar la inversión de una forma que pusiera la cartera de inversión en peligro. También podía sintonizarla en algún punto entre esos dos extremos. La lección importante es que «Deberían haberme preguntado cómo iba a gestionar esas inversiones y haberse hecho una idea de cuánto riesgo permanecería dependiendo de las estrategias usadas».

Todo se limita a ganar la guerra frente a ganar la batalla. Los tipos del área de marketing pueden promocionar esta idea de un potencial de crecimiento rápido mediante cosas como acciones de empresas tecnológicas, y cuando nos fijamos en aquellos que han ganado «a lo grande», queremos formar parte de ello. Sin embargo, ese camino corto y exitoso sólo supone una fracción del panorama general, que es la guerra. Aquellos que obtienen sus victorias a corto plazo puede que obtengan toda la atención en un momento dado, pero es el trader que está dispuesto a renunciar a la gratificación instantánea a corto plazo para ganar la guerra el que será el verdadero guerrero inversor a largo plazo.

Ésta es la filosofía a largo plazo que he usado al gestionar Trendstat y mis propias carteras de inversión. Se ha puesto a prueba con desplomes en el mercado de valores, los índices de interés a corto plazo, el precio del crudo en cifras negativas y muchos movimientos violentos del mercado provocados por las noticias, las guerras, la pandemia, las actuaciones de la Reserva Federal y el tiempo atmosférico que han afectado a la economía; y en medio de todo eso, simplemente sigo haciendo lo que hago cada día, y estoy tranquilo sabiendo que tengo una estrategia de trading completa que aborda el riesgo en las acciones de un mercado alcista, bajista y lateral.

Mi historia

El primer encuentro con esta idea de protección de la cartera de inversión llegó cuando era un inversor joven y ávido. Cuando trabajaba repartiendo periódicos, compré un fondo mutuo de acciones de crecimiento a los doce años con parte de mis ahorros, añadiéndole dinero cada mes con mis ganancias repartiendo periódicos. Con los vaivenes del mercado en la década de 1960, me llevó hasta que tuve veintidós años y acabé mis estudios de Ingeniería Química en la Clarkson University salir sin ganar ni perder con esa inversión. *Entonces* era consciente del riesgo.

Los ahorros de mi padre y el escenario de los préstamos tuvieron un gran impacto en mí, y quise asegurarme de tener implementadas unas estrategias de inversión adecuadas para mí como adulto. Así pues, aunque salí de la universidad con un grado en Ingeniería Química, las inversiones siempre me habían interesado mucho.

Durante mi primer trabajo como ingeniero químico, almorzaba con algunos compañeros ingenieros (principalmente ingenieros químicos, pero también se sentaban a la mesa algunos ingenieros mecánicos). Discutíamos sobre inversiones, principalmente como si habláramos con un corredor de bolsa. Sentíamos curiosidad por qué podíamos hacer para potenciar nuestras carteras de inversión. La mayoría de mis colegas buscaron el consejo de asesores financieros o de boletines informativos para que les ayudaran con esta lucha, y todos habían oído las mismas cosas: «Tienes que comprar y conservar acciones a largo plazo, y temporizar o buscar el momento oportuno del mercado no funciona».

Me parecía que cada profesional del mundo de las inversiones estaba apaciguando a la gente con esta idea de *sé paciente con la estrategia de las acciones a largo plazo, y funcionará*. Pero la gente no está hecha de esa pasta. No pueden reclinarse y ver cómo su riqueza neta fluctúa salvajemente. Una pérdida del 20 % no puede ignorarse sin más. La idea de adoptar este enfoque puede que suene bien sobre el papel, pero un inversor rara vez permitiría que esto sucediese sin por lo menos hacer un comentario o una sugerencia sobre inversiones alternativas que deberían tener en cuenta.

Escuchando muchas de estas conversaciones con mis colegas e investigando estrategias por mi cuenta, me acabé dando cuenta de que tenía que haber una mejor solución. Simplemente no había manera de que cada inversor aceptara sus pérdidas en el mercado de valores como el estado de las cosas. Y más importante aún, no había forma de que aquellos que invirtieron a través de un gestor de cartera no tomaran el teléfono por lo menos una vez por semana para llamar y preguntar sobre los métodos que se estaban empleando.

Es entonces cuando empecé a fijarme en el trading de futuros. La idea subyacente era la de compensar las pérdidas con las acciones que se producirían, inevitablemente, durante un mercado bajista. Hacerlo permitiría que mi cartera de inversión fuese muy independientemente de la volatilidad del mercado de valores. No importaría lo malas que fueran las pérdidas en un día, semana, mes o año dado, porque estaba creando el potencial de unos rendimientos positivos en otros mercados con unas oportunidades diversificadas y no correlacionadas para conseguir beneficios. Me llevó cuatro años de trading con futuros conseguir mi primer año con beneficios, lo que supuso una curva de aprendizaje agotadora. Lo consideré como mi grado de cuatro años en la universidad del trading.

Algunos años después, abandoné mi empleo como ingeniero químico e inicié una trayectoria profesional como gestor de cartera. Pese a ello, como gestor de cartera que trabajaba con el dinero de otras personas, no pude ser tan experimental como lo era con mi propio dinero. Tenía que ser más sensato y ceñirme a un enfoque más en sintonía con las expectativas. Debíamos tener estrategias que pudiéramos «vender» a los asesores y a los clientes. Esas expectativas solían consistir en querer que nuestra empresa gestionara la «cartera de inversión en acciones» para su jubilación; pero cuando las pérdidas en el mercado de valores daban como resultado pérdidas para los clientes y las llamadas telefónicas y las liquidaciones empezaban a hacer acto de presencia, me di cuenta de que hacía falta que algo cambiara. Les dije a mis socios: «Necesitamos hacer algo o nos quedaremos sin negocio si hay un desplome importante».

Empecé a aprender más, y fue durante esa época cuando mi pensamiento se concretó. Me di cuenta de que hay muchos caminos que puedes tomar para intentar mitigar el riesgo, pero que la gente no los estaba tomando. Los profesionales de las inversiones prácticamente estaban confundiendo a sus clientes sobre las posibilidades de usar ciertas estrategias que podrían mejorar su relación rendimiento-riesgo.

Tomé todo lo que aprendí durante esa época y lo usé para fundar Trendstat. Nuestra misión consistía en generar estrategias desarrolladas alrededor de este concepto de una amplia diversificación, empleando acciones, futuros, opciones y la temporización de fondos mutuos, todo ello al mismo tiempo, en una estrategia completa que permitía una protección potenciada frente al riesgo.

El enfoque funcionó bien. Diversificar en forma de distintas categorías de valores y estrategias no correlacionadas entre sí resultó ser algo que evitó muchas pérdidas potenciales. Pese a ello, estaba el asunto persistente que era resultado de la forma en la que pensamos los humanos. No estamos programados para ver pérdidas y aceptarlas. Aunque a otras áreas de una cartera de inversión les estuviera yendo bien y estuvieran compensando las pérdidas, a los particulares seguían llegándoles informes con gran abundancia de detalles debido a las normas y regulaciones vigentes en esa época.

Así pues, por ejemplo, si las acciones a largo tenían un mal día y caían un 7 % y teníamos posiciones de futuros que *aumentaban en una cifra similar,* se evitaba el riesgo. Sin embargo, los particulares obtenían unos informes independientes: uno de las acciones a largo y otro de los futuros. Mientras el informe de los futuros tenía buen aspecto, el de las acciones a largo no lo tenía. Esto daba lugar a confusión. *«¿Por qué no podemos saltarnos la posición de las acciones a largo y poner todo eso en la estrategia de los futuros? Entonces iríamos por delante».* Era este tipo de naturaleza humana el que me hizo darme cuenta de que los clientes van a seguir sintiéndose incómodos, y que teníamos que hacer más.

A medida que pasaron los años, el progreso continuó, y al final convencimos a algunos clientes de que tuviesen acciones y futuros en sus carteras de inversión. Cuando el Lunes Negro golpeó el 19 de octubre de 1987, los informes que se enviaron a los clientes reforzaron esta idea de que la separación era un problema. El índice Dow Jones se desplomó un 22,6 % ese día, y aunque habíamos desarrollado carteras de inversión con nuestros clientes que tenían unas posiciones compensadoras con las acciones y los futuros, esos informes dieron lugar a reacciones muy extrañas. El mejor ejemplo de esto me tiene rascándome la cabeza a fecha de hoy.

Había un gran plan de pensiones que gestionábamos que había ganado una fracción de un punto porcentual el Lunes Negro, superando al Promedio Industrial Dow Jones en un 23 %. Fui a una reunión trimestral normal pensando que éramos héroes. De hecho, conseguimos un pequeño beneficio cuando la mayoría de las carteras de acciones había bajado un 20 %, más o menos. La junta me señaló que había logrado un gran beneficio de la noche a la mañana con la vertiente de los futuros de la cartera de inversión y que había perdido una cantidad aproximadamente igual con las acciones. Estos miembros de la junta eran físicos doctorados y sabían de matemáticas.

Preguntaron si podían tener el lado ganador de las estrategias, pero no el perdedor. Solicitaron eliminar completamente las acciones a largo de nuestra estrategia. La cartera de acciones de «comprar sólo a largo» siempre estaba destinada a tener sus momentos de bajada, y psicológicamente los clientes no podían soportar eso. Por lo tanto, aunque el valor de los activos de su cuenta total subió una muy pequeña cantidad el Lunes Negro, mientras la mayoría del resto de las pensiones quedaron vapuleadas ese día, nos despidieron por la parte de las acciones en la cartera de inversión e intentaron que siguiéramos gestionando la parte de cobertura de los futuros de la cartera. Les echamos al poco tiempo por no permitirnos hacer lo que era mejor para ellos como clientes. No estábamos dispuestos a dejar marchar las coberturas con los futuros sin ninguna otra cosa con la que tener una cobertura. Fue muy frustrante, pero situaciones así son, simplemente, otra razón por la cual estoy encantado de estar jubilado de este negocio y no tener que lidiar con las extrañas ideas que se les ocurren a los clientes.

Se desarrollaron nuevas estrategias y teníamos nuestros éxitos en Trendstat. Mediante la diversificación en forma de distintas categorías de valores que tenían una correlación negativa entre sí, compensamos buena parte de los riesgos que se dieron en la época que vino a continuación. Lo hicimos lo suficientemente bien como para captar algo de atención por parte del sector.

Aparecí en el libro de Jack Schwager *Los nuevos magos del mercado: entrevistas con traders legendarios*, publicado en 1994, en el que me llamaba «señor Serenidad» debido a mi comportamiento tranquilo y mi enfoque singular y extremadamente diversificado. A lo largo de los años no había entrevistado más que a traders de Wall Street que eran muy nerviosos y estaban acelerados. Sin embargo, yo era sereno en comparación con todos esos traders porque no estaba a merced del riesgo de la bolsa ni estaba muy apalancado. Tenía implementadas estrategias para reducir el riesgo independientemente de lo que sucediera. No disponía de un nombre para esto en esa época, pero consistía, básicamente, en un enfoque que me permitía lidiar con diversas condiciones independientemente de las condiciones del mercado con las que me encontrara. Si hubiera podido pensar en un buen nombre para ello…

CAPÍTULO 3

Mi desarrollo como trader todoterreno

Mi objetivo con el último capítulo ha sido proporcionarte una visión general del progreso de mi vida, de modo que puedas avanzar a mi lado a lo largo del tiempo y comprender cómo un descubrimiento dio pie a otro (y a otro y a otro más). Siento como si estuviera recorriendo ese camino. En los siguientes capítulos entraré en los detalles sobre estos conceptos. Espero que puedas elegir tus ideas favoritas de la lista y que las pongas a trabajar para ti.

La primera cosa que me sucedió en la vida con las inversiones fue comprar el fondo mutuo que he mencionado anteriormente. Nunca me imaginé que le llevaría unos doce años no tener ni ganancias ni pérdidas debido a las fluctuaciones del mercado y unas tasas de gestión y ventas altísimas.

Me gradué por la Clarkson University con un buen salario como ingeniero químico, y quería añadir algunas nuevas inversiones a mi cartera. Mientras buscaba mejores opciones para el futuro, intentaba dar con una forma para evitar que esa recuperación a la que le llevó doce años volviera a suceder; o, como mínimo, quería reducir la gravedad del período con un rendimiento negativo. Y encontré un camino.

En mi compañía disponíamos de un programa de adquisición de acciones, y decidí que, si implementaba una gráfica para que me diera indicaciones de alza y descenso, podría comprar acciones durante las subidas y venderlas para evitar parte del riesgo de las bajadas y usar el dinero de la compañía para financiar las operaciones. Esto funcionó bien con numerosos movimientos que se volvieron agradablemente rentables. La temporización de las inversiones se convirtió en una estrategia que aprendí a usar de muchas formas para acercarme más a ser un trader todoterreno. Veremos más al respecto en el capítulo 4.

Algunos años más tarde, y cuatro años después de empezar a operar con futuros, finalmente estaba consiguiendo resultados *en el umbral de la rentabilidad* con mi cartera de inversión. Estaba añadiendo dinero a mi cartera de futuros y con algunos buenos movimientos positivos estaba incrementando rápidamente el tamaño del patrimonio en la cuenta. Me di cuenta de que los períodos rentables en los futuros apenas tenían nada que ver con respecto a cuando obtenía beneficios en mi cartera de acciones. Esto implicaba una verdadera diversificación y una capa adicional de protección. Cuando un mercado consigue un beneficio mientras otro pierde, obtienes un resultado más estable. El capítulo 7 de este libro está dedicado a la diversificación extrema y a cómo generarla para tu propia cartera de inversión.

Entonces inicié mi propia cuenta individual de jubilación (CIJ). En la CIJ se encuentra un mundo mágico de impuestos diferidos. Puedes comprar y vender, y las ganancias y pérdidas conseguidas se tratan igual que las ganancias y pérdidas no conseguidas. No pagas ningún impuesto hasta que retiras activos de la CIJ. Empleé lo que había aprendido del programa de temporización de acciones de mi compañía e implementé indicadores para «temporizar» varios fondos mutuos. Esto fue el inicio de lo que Trendstat solía hacer para sus clientes en nuestra temporización de fondos mutuos y nuestros programas de temporización del sector. Tuvo bastante éxito y fue una forma genial de que los clientes con un menor tamaño de cartera aprovecharan parte del potencial ascendente de las acciones y los bonos sin asumir todo el riesgo con una estrategia de comprar y conservar en esos mismos mercados.

De vuelta a mis primeros años, los fondos de inversión cotizados (FIC) todavía no se habían inventado, y tuve que tolerar revisar mis operaciones con los fondos mutuos al final de cada día de trading. Cuando mis indicadores me avisaban de una nueva dirección alcista, compraba un fondo mutuo de acciones, y cuando me advertían de una dirección bajista vendía el fondo de acciones y compraba un fondo mutuo del mercado monetario, ganando el muy agradable interés disponible en la década de 1980. Atacar el riesgo de un mercado de valores bajista con la temporización se convirtió en una herramienta muy útil en mi viaje para convertirme en un trader todoterreno. Encontraremos más detalles en el capítulo 4.

Como Trendstat Capital gestionaba carteras de acciones para algunos clientes y éstos no querían estar comprando y vendiendo las acciones todo el tiempo, desarrollé el concepto de la cobertura dinámica. Empleé un indicador de seguimiento de las tendencias para valorar si el mercado de valores estaba subiendo o bajando. Cuando subía, no quería estar cubierto, por lo que permitía que las posiciones de la cartera de acciones se movieran con el viento a su espalda; pero cuando la dirección era descendente, simplemente colocaba una cobertura para proteger la cartera vigente. Al principio usé ventas a corto en un fondo de inversión cotizado en bolsa indexado o compraba uno de los fondos de inversión cotizados en bolsa inverso con un apalancamiento triple, pero en la actualidad prefiero un contrato de futuros indexado por distintas razones. Aprenderemos más sobre las coberturas en el capítulo 6.

A continuación, en mi desarrollo como un trader todoterreno, llegó la adición de varios períodos de tiempo. Me di cuenta de que, durante los períodos laterales en los mercados, las acciones solían rebotar hacia arriba y hacia abajo bastante rápidamente, y que nunca se movían lo suficiente en una dirección como para permitir que mis modelos de seguimiento de tendencias a más largo plazo produjeran un beneficio razonable. La investigación me mostró que, con unos períodos de tiempo más cortos, tendría que operar con bastante más frecuencia, y eso suponía un problema cuando inicié mi camino todoterreno. Sin embargo, con mi formación como ingeniero y contratando, con el tiempo, a grandes informáticos, nos dimos cuenta de que si automatizábamos el proceso podíamos gestionar las operaciones extra con bastante facilidad.

Decidí crear los modelos a más corto plazo y me di cuenta de que, debido a la sensibilidad de estos nuevos modelos, podía obtener pequeños beneficios a lo largo de períodos de tiempo más cortos. Eso generó algo de diversificación a lo largo de los períodos de tiempo, ya que cuando los mercados estuvieran teniendo una buena tendencia, los modelos a más largo plazo me mantendrían dentro y permitirían que los beneficios se acumulasen. Sin embargo, cuando los mercados pasaban más tiempo con una acción lateral, los modelos a más corto plazo podían obtener algunos pequeños beneficios para ayudar a la cartera general. Me ocuparé de esto en mayor detalle en el capítulo 8 comentando algunas cosas que puedes hacer en los mercados laterales.

A continuación, creé una estrategia que necesitaba verdaderamente de una acción lateral para producir un beneficio. Decidí vender opciones de diferencial de crédito con un potencial limitado de pérdidas y un potencial limitado de ganancias a los que sólo les quedaban siete días para su vencimiento. Eso produjo un torrente de ganancias que fue muy rentable si el mercado se quedaba donde estaba o si se movía muy poco. Esta estrategia estaba destinada a perder dinero durante los movimientos de mercado robustos, pero yo ya tenía eso cubierto con mis estrategias de seguimiento de tendencias a más largo plazo. Conoceremos más detalles sobre las opciones de diferencial de crédito y dónde y cómo las uso en el capítulo 8.

Por último, me he fijado, con interés, en el desarrollo de los mercados de criptomonedas. Hay, literalmente, miles de criptomonedas que operan en distintas plataformas. Queriendo mantener las cosas sencillas, creé una estrategia de seguimiento de tendencias a más corto plazo para medir las direcciones de los mercados de criptomonedas que estaba siguiendo. Como conozco los futuros muy bien, uso los futuros del Bitcoin y de la criptomoneda Ethereum como mi instrumento de trading. Es fácil obtener datos, es fácil operar con ellos y puedo adoptar fácilmente posiciones tanto en dirección ascendente como descendente. Eso supone otro torrente más de rendimientos no relacionados para mis carteras de inversión, y ha sido muy rentable a lo largo del último par de años.

Todavía en modo de desarrollo

Hasta el momento, este capítulo se ha ocupado de años de desarrollo como trader todoterreno, pero no creo que sea tan todoterreno como me gustaría ser. Al igual que el golfista que no puede conseguir un «resultado perfecto», sigo viendo el potencial de estudiar los puntos débiles de mi cartera de inversión y de añadir nuevas estrategias para combatir los períodos bajos en el rendimiento. No estoy seguro de que vaya a alcanzar una composición final de estrategias que vaya a ser «perfecta», pero estoy disfrutando del viaje para llegar ahí.

CAPÍTULO 4

¿Qué es una estrategia de trading completa?

Frecuentemente he usado el siguiente diagrama de flujo para mostrar que una estrategia de trading completa no consiste simplemente en averiguar dónde comprar o vender. La mayoría de los traders que están empezando en el negocio del trading, se centran *sólo* en eso, y es un gran error. Fíjate en el diagrama de flujo y observa cuántos de estos recuadros has incluido en tu proceso.

Abordemos las partes de un estrategia de trading completa una a una

Convicción: Éste es un lugar importante por el que empezar. Tal y como solía decir el ya fallecido doctor Van K. Tharp: «No operas con los mercados, sino que lo haces con tus convicciones». Se te debe ocurrir una convicción que impulse los beneficios potenciales en tu estrategia.

Objetivo: Ésta debería ser la cosa más importante que implementes antes de siquiera intentar diseñar cualquier estrategia. Es la filosofía que hay tras la estrategia y te orienta en la lógica de lo que vas a usar como indicadores para captar lo que percibes que es un tipo de movimiento del mercado que quieres aprovechar.

Filtro/evaluación: Con miles de instrumentos ahí fuera en el mundo, un trader debe acotar el campo de los posibles candidatos. Esto puede lograrse con distintas herramientas de evaluación de corredores de bolsa, tus plataformas de trading favoritas o simplemente escrutando listas de posibles candidatos y eligiendo aquéllos en los que deseas concentrarte para el trading.

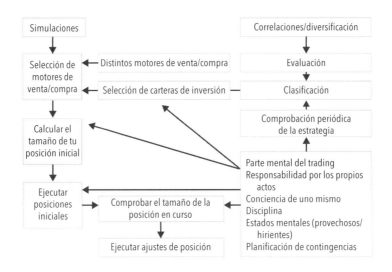

GRÁFICA 9 Una estrategia de trading completa.

Configuración/clasificación: Probablemente, llegado a este punto seguirás teniendo muchos candidatos con los que operar, por lo que puede que quieras limitarte al trading sólo con los candidatos que tengan una acción del precio especial que los convierta en un objetivo para operar. Aquí es donde entra en acción la clasificación para reducir el campo de candidatos para el trading de ese día. Ahora has completado el proceso de selección de tu cartera para el siguiente período.

Entrada: Debes disponer de un motor de compra/venta para desencadenar tu acción para entrar. Lo llamo motor simplemente porque debería «moverte» a actuar. Un motor mueve un coche. El motor de compra/venta debería hacer que te muevas tú.

***Stop loss*:** Deberías disponer de un precio al cual dejarás ir una operación de la cartera y admitir que no está funcionando. Muchos traders no creen en los *stop loss* (es un tipo de orden condicionada que ejecuta la venta de un determinado activo si su precio desciende por debajo del límite marcado). Les preocupa que alguien pueda aprovecharse de las órdenes y deciden usar «*stops* mentales». Se basan en una idea preconcebida de que se retirarán en lugar de colocar órdenes de *stop loss*. Considero que ésta es una táctica pobre, ya que un *stop* mental puede generar una pérdida potencialmente grande que barrerá cualquier pequeña ineficiencia provocada por los *stops* utilizados en el mercado. Las órdenes de *stop loss* son imprescindibles para el trader todoterreno.

Tomar beneficios/dónde retirarse de la operación: Si una estrategia opera sólo a lo largo de algunos días, puedes marcar el objetivo mediante algún método lógico. Puedes, por ejemplo, recoger beneficios a dos veces tu riesgo en la operación. Puedes cosechar beneficios en una operación a corto plazo a un nivel al que el mercado haya alcanzado un nivel «normal» después de haber sufrido una sobrecompra o sobreventa. Si una operación languidece y no alcanza tu objetivo, podrías desprenderte de ella de modo que no tengas inmovilizado un capital precioso en una posición que no está funcionando. Esto recibiría el nombre de *stop* de tiempo (cuando pasa un período de tiempo especificado, abandonas la posición).

En el caso de las estrategias de seguimiento de tendencias a más largo plazo, te centrarás en tomar tu beneficio cuando la tendencia flaquee y cambie hacia la dirección opuesta. En ese momento te retirarás de la operación, es de esperar que con un buen rendimiento. La principal idea en esta sección es que necesitas disponer de un plan para abandonar la operación. No tener un plan de salida equivale a comprar y conservar, y el trader todoterreno no quiere ponerse en esa situación.

Elección del tamaño de las posiciones: Después de todo el filtrado, la clasificación y el trabajo de comprar o vender, sigues teniendo que averiguar cómo elegir adecuadamente el tamaño de tus posiciones. Un tamaño excesivo podría hacer que tu cuenta salte por los aires, y con un tamaño demasiado pequeño, la posición no tendrá el suficiente impacto sobre la cartera de inversión como para marcar una diferencia.

Cada estrategia de trading tendrá estos mismos atributos. Puede que incluso dispongas de algunas características adicionales como clasificar los candidatos que tengas, de modo que elijas los «X» mejores candidatos cada día. Quizás quieras permitir la reentrada en la posición si el *stop out* te retira de ella, pero vuelve a subir como candidato con el que operar. Deberías disponer de una estrategia de determinación del tamaño de la posición enfocada a trabajar con lo que tu estrategia esté intentando conseguir. Cubriré eso en mayor detalle en el capítulo 10.

La conclusión aquí es que no debes limitar tu forma de pensar a un estilo de trading. Puedes disponer de algunas estrategias que aprovechen tendencias, algunas que te protejan de catástrofes, algunas que impliquen una reversión, y otras que puedan cosechar alguna prima de tiempo sobre opciones. Algunas podrían operar en el mercado de valores, otras podrían usar fondos de inversión cotizados (FIC) y otras podrían diversificar en contratos de futuros. Algunas podrían ser extremadamente a largo plazo, y otras podrían ser a corto plazo. Todas deberían contribuir a mejorar los rendimientos o a gestionar el riesgo que provoca noches en vela mientras mantienen la curva de patrimonio tan recta como sea posible.

CAPÍTULO 5

La temporización de las inversiones

Puedo oír un rugido aquí en Scottsdale que viene de todas direcciones: «¿Pero no es cierto que la temporización no funciona? Eso es lo que he oído decir a los profesores universitarios, los planificadores financieros y los corredores de bolsa». Yo respondo con: «Depende de cuáles sean tus objetivos en la temporización de una inversión».

Esta obsesión con sólo la parte del rendimiento del reto de la relación rendimiento-riesgo me ha sorprendido a lo largo de los años. Comprar y conservar cualquier inversión durante toda una vida va a llevar consigo unos menores gastos por transacciones, menos tiempo dedicado a su gestión, más beneficios cuando el mercado vaya a tu favor y más pérdidas cuando el mercado vaya en tu contra. El último ítem, las pérdidas, es lo que alcanza a todo el mundo. Sé que yo, un experimentado veterano del trading, nunca podría tener la paciencia de permanecer en una inversión con unas pérdidas del 25 % sin ninguna protección contra ellas, lo que provocaría unas pérdidas incluso mayores. Si un trader con cincuenta años de experiencia en el trading no es capaz hacerlo, ¿cuáles son las probabilidades de que tú sí puedas?

Hace poco actualicé un estudio que llevé a cabo para un artículo de investigación de mi página web, enjoytheride.world. Tomé los datos del índice S&P 500 disponibles gratis en Yahoo Finanzas y cree un sencillo indicador de media móvil de diez y de cuarenta días para medir cambios de dirección ascendentes o descendentes. Entonces etiqueté cada señal como ascendente, descendente o lateral.

Mi objetivo para un movimiento ascendente o descendente era que el índice se desplazara por lo menos un 5 %. Si una señal indicaba menos de un 5 % antes de que ese movimiento finalizase con una señal en la dirección contraria, determinaba que se trataba de un movimiento lateral. Mi objetivo era hacerme una idea de cuánto tiempo pasa el mercado en una acción ascendente, descendente y lateral. He incluido la gráfica 10, una tabla de hallazgos.

Hay muchas enseñanzas importantes que sacar de esos resultados. En primer lugar, el mercado de valores pasa muchísimo tiempo no yendo a ningún lugar. Más del 60,56 % de los días transcurren en unas condiciones de mercado con un movimiento lateral. Sólo el 30,5 % de los días te proporcionan impulso en mercados ascendentes. Los períodos descendentes suponen sólo el 8,95 % del tiempo. Los mercados descendentes suelen moverse más rápidamente que los ascendentes. Parece ser que el miedo motiva a los traders a actuar rápidamente. En los mercados descendentes habrías obtenido un crecimiento compuesto del 12,91 % sólo el 8,95 % del tiempo. Los mercados ascendentes obtienen un rendimiento algo mayor: de un 15,02 % el 30,50 % del tiempo. Unos cálculos matemáticos rápidos nos dicen que los mercados descendentes consiguen 12,91 % / 15,02 % = el 85,95 % del movimiento de los mercados ascendentes en 8,95 % / 30,50 % = el 29,34 % del tiempo transcurrido. Cuando se producen los mercados descendentes, pueden ponerse feos rápidamente.

La siguiente cosa que deberías tener en cuenta es el máximo porcentaje de bajada. Tal y como hemos mencionado anteriormente, la mayoría de los traders, incluyéndome a mí, no tendrían el aguante para tolerar un descenso del 56,78 % con la estrategia de comprar y conservar. Por lo tanto, la estrategia probablemente sería abandonada en algún momento y el trader nunca vería la tasa de crecimiento compuesto anual (TCAC) indicada. La temporización reduce esa bajada a la mitad, lo que supone una situación mucho más fácil de tolerar.

El último ítem que percibí es que el rendimiento para la temporización es del 64 % del rendimiento del comprar y conservar, mientras que el descenso máximo es de menos de la mitad. Por lo tanto, el beneficio con el descenso máximo era de 0,1305 para el comprar y conservar frente a 0,1876 para la temporización: una mejora del 43,7 % en la relación rendimiento-riesgo. Esta característica sola tenderá a hacer que el trayecto sea mucho más fácil a lo largo de las décadas y te permitirá disponer de más espacio psicológico para ceñirte a la estrategia.

	Mercado alcista	Mercado bajista	Mercado lateral	Total	Comprar y conservar	Temporización
Número de operaciones	34	16	379	429	1	429
% de operaciones	7,93	3,73	88,34	100	100	100
Número de días	6.348	1.862	12.606	20.816	20.816	20.816
% de días	30,50	8,95	60,56	100	100	100
Tasa de crecimiento compuesto anual (%)	510,62	206,56	-510,04	207,145	7,41	4,76
% medio por operación	15,02	12,91	-1,35			
Descenso máximo (%)					-56,7754	-25,3604
Beneficio/ descenso máximo					0,1305	0,1876

GRÁFICA 10   Resumen de la temporización frente a comprar y conservar.
Desde enero de 1964 hasta diciembre de 2021 (58 años).

Temporicemos el índice S&P 500

El fondo cotizado en bolsa SPY es un instrumento de inversión muy líquido que intenta coincidir con el índice Standard and Poor's 500 en un formato de fondo cotizado en bolsa (FCB). Yo creé una inversión larga sencilla usando sólo tres motores indicadores de compra/venta que incluían los canales de Donchian, el canal de Keltner y las bandas de Bollinger para desencadenar mis operaciones. Invertí un riesgo del 5 % con respecto a mi capital en el FCB SPY en cada señal de compra y me quedé con el metálico sin obtener ningún interés cuando la dirección era descendente. Los resultados aparecen en la gráfica 11.

Teniendo presente que se trata de una simulación, y de que no obtuvo ningún interés con el dinero parado, los resultados muestran un beneficio histórico positivo del 6,489 %, una relación rendimiento-riesgo decente, una tasa de victorias superior al 50 % y lograr más que duplicar el patrimonio en esos 12 años; y sólo se tuvieron que efectuar 34 operaciones: una media de 2,7 operaciones anuales. Me parece un trading bastante fácil.

Sim Trader

- Período medido: desde el 1 de enero de 2010 hasta el 1 de junio de 2022 (12,41 años)
- Inversión inicial de 100 000 dólares, 100 % del capital en cada nueva señal, sólo a largo
- Paquete de temporización de tres indicadores
- 21 días (canales de Donchian a 21 días; canal de Keltner a 21 días, factor 2,3; bandas de Bollinger a 21 días, factor 2,0 para operaciones compra, 50 días para ventas)

Estadística	Resultado de las señales de alza
Tasa de crecimiento compuesto medio (TCCM %)	6,489
Ratio de Sharpe	0,718
Ratio de Sortino	0,889
Beneficio con el descenso medio	3,727
Beneficio con el descenso máximo	0,375
Descenso máximo (%)	-17,316
Número total de operaciones (12,41 años)	34
Operaciones ganadoras	18
Operaciones perdedoras	16
% de victorias	52,941
Factor de beneficio (beneficio con las operaciones ganadoras/pérdidas con las operaciones perdedoras)	2,68
Beneficios totales	113 882 dólares

GRÁFICA 11 Temporizar los movimientos de precio del fondo cotizado en bolsa SPY.

¿Qué inversiones puedes temporizar?

Puedes temporizar cualquier mercado que decidas que corre un gran riesgo de pérdidas para así gestionar parte de ese riesgo. La temporización consiste, en esencia, en abordar ese riesgo eliminándolo de la cartera de inversión a cambio de una inversión de tipo mercado monetario aburrido. Estás superando la tormenta en un puerto seguro hasta que amaine.

Inicié mi trayectoria profesional temporizando fondos mutuos. Ejecutaba mis indicadores al final del día, veía si tenía una señal para comprar o vender, y enviaba un fax a la correduría del fondo mutuo para comprar o vender ese fondo al cierre de la jornada. Cuando aparecieron los FCB empecé a temporizar esos instrumentos. Desde entonces he temporizado los futuros del índice Nasdaq, los futuros del Bitcoin y de Ethereum, y los mercados de las materias primas, la energía, las divisas y los metales.

El viejo dicho dice: «No puedes controlar el viento, pero puedes ajustar tus velas». Ésa es una forma genial de resumir la temporización. El mercado hará lo que sea, pero tú tienes control sobre tu exposición al riesgo. La temporización es una forma sencilla y fácil de modificar tus exposiciones al riesgo espectacularmente.

Otros ejemplos de temporización de los futuros del crudo

Cualquiera que haya visto las noticias financieras a lo largo de la última década o dos o que llenara el depósito de su coche en la gasolinera se da cuenta de que los precios del petróleo suben a nivel mundial y luego bajan. Si diriges un negocio que debe vender o consumir petróleo o productos derivados del petróleo, sabes que los movimientos de los precios pueden generar beneficios o pérdidas muy rápidamente si los precios se mueven a tu favor o en tu contra. Eso suena como un riesgo con el que deberíamos ser capaces de lidiar. Pensémoslo detenidamente.

Tomé datos de precios de la negociación de contratos del crudo intermedio West Texas en la Bolsa Mercantil de Nueva York a lo largo de los últimos «X» años y los cargué en SimTrader, una plataforma de simulación y trading que uso. Entonces establecí un indicador de COMPRA/VENTA que era una combinación de tres indicadores: los canales de Donchian, el canal de Keltner y las bandas de Bollinger, que explicaré cuando las enumere como mis tres indicadores favoritos más adelante en este capítulo.

Escogí un período de veintiún días para los fines de este estudio. Éste no sería un plazo demasiado corto, que daría lugar a muchas operaciones y más costes por ellas. Tampoco sería un período demasiado largo como para acercarse a una estrategia de comprar y conservar, haciendo poco por atacar el riesgo del movimiento de precios.

Los resultados son más o menos los esperados. Asumiendo que estuviésemos operando con un único contrato de crudo, el mercado pasó mucho tiempo con un movimiento lateral. Los períodos ascendentes y descendentes del mercado fueron los más provechosos, ya que los movimientos de los precios equivalen a riesgo, que es donde el trader obtiene beneficios. Es realmente difícil conseguir unos beneficios significativos en el mercado cuando los precios no suben o bajan. Los períodos ascendentes o descendentes no son ni potencialmente buenos ni malos para todas aquellas empresas que incluyan el coste del crudo en sus cuentas de resultados.

Tomemos el caso de aerolíneas que consumen mucho combustible de aviación, que, por supuesto, deriva del crudo. Si los precios están subiendo, el coste de volar aumenta, reduciendo potencialmente sus beneficios si no pueden repercutir ese coste a los pasajeros. Por contra, cuando el precio del crudo baja, las aerolíneas tienen unos menores gastos en combustible y, con el mismo precio de los billetes, obtienen más beneficios potenciales.

Sim Trader

- Período medido: desde el 1 de enero de 2010 hasta el 1 de junio de 2022 (12,41 años)
- Inversión inicial de 100 000 dólares, 100 % del capital en cada nueva señal, sólo a largo
- Paquete de temporización de tres indicadores
- 21 días (canales de Donchian a 21 días; canal de Keltner a 21 días, factor 2,3; bandas de Bollinger a 21 días, factor 2,0 para operaciones compra, 50 días para ventas)

Estadística	Resultado de las señales de alza	Resultado de las señales de bajada
Tasa de crecimiento compuesto medio (TCCM%)	3,327	3,691
Ratio de Sharpe	0,323	0,344
Ratio de Sortino	0,436	0,508
Beneficio con el descenso medio	0,966	0,614
Beneficio con el descenso máximo (ratio MAR)	0,106	0,099

Estadística	Resultado de las señales de alza	Resultado de las señales de bajada
Período medido: desde el 1 de enero de 2010 hasta el 1 de junio de 2022 (12,41 años) **Inversión inicial** de 100 000 dólares, 100 % del capital en cada nueva señal, sólo a largo **Paquete de temporización** de tres indicadores **21 días** (canales de Donchian a 21 días; canal de Keltner a 21 días, factor 2,3; bandas de Bollinger a 21 días, factor 2,0 para operaciones compra, 50 días para ventas)		
Descenso máximo (%)	-31,501	-37,354
Número total de operaciones (12,41 años)	95	56
Operaciones ganadoras	44	17
Operaciones perdedoras	51	39
% de victorias	46,136	30,357
Factor de beneficio (beneficio con las operaciones ganadoras/pérdidas con las operaciones perdedoras)	1,34	1,42
Beneficios totales	49 470 dólares	53 910 dólares

GRÁFICA 12 Temporizar los movimientos de precio del crudo.

Analicemos la tabla. Una aerolínea podría comprar cada tendencia ascendente del petróleo, lo que significa que, aunque perderían algo de beneficio potencial con sus vuelos, obtendrían ganancias con su contrato de futuros. La tabla de resultados muestra que eso generaría 49 470 dólares por contrato de beneficios con el crudo a lo largo de esos 12,4 años, muchos de los cuales fueron duros para el sector de las aerolíneas. Las señales ascendentes que no dieron lugar, con éxito, a un beneficio supondrían una pérdida o el coste de una cobertura. Esas pérdidas están incluidas en las operaciones ascendentes o de compra. Por lo tanto, si una aerolínea hubiera implementado un programa de cobertura que se centrara en la compra de futuros de crudo con las indicaciones de una dirección ascendente y entonces los vendiera y no tuviera cobertura durante los períodos descendentes, las fluctuaciones de su cuenta de resultados se hubieran reducido. Podrían centrarse más en dirigir un negocio eficiente, con la tranquilidad de que las pérdidas catastróficas debido a unos fuertes movimientos ascendentes de sus costes en combustible no les afectarían gravemente.

También disfrutarían del beneficio de los períodos descendentes con unos menores costes potenciales del combustible de aviación. La tabla muestra que las operaciones de venta del crudo habrían rendido 53 910 dólares por contrato de beneficios a lo largo del período. Se trata de períodos con unos menores costes de combustible y, por lo tanto, menores costes para hacer volar un avión. Estos períodos también servirían para acumular beneficios para ayudar a pagar en las épocas en las que la cobertura no funcionase y produjese una pequeña pérdida.

Temporizar un fondo cotizado en bolsa de bonos

Muchos negocios y traders particulares se ven afectados por los tipos de interés y porque los rendimientos de los bonos aumenten o disminuyan. Un inversor particular en bonos verá cómo los precios de los bonos de su cartera bajan durante los períodos con unos tipos de interés en rápido ascenso. Por contra, verá cómo, normalmente, el precio de los bonos aumenta cuando los tipos de interés y el rendimiento disminuyen.

Los negocios también se ven afectados. Cuando los tipos de interés bajan, el coste de capital de la empresa se reduce, haciendo que la inversión en nuevos equipamientos sea más barata y que el crecimiento sea más posible. Cuando los tipos de interés aumentan, el coste de capital sube, haciendo que sea más difícil expandir el negocio. Puedes imaginar que una compañía de hipotecas que venda hipotecas con un interés variable a los propietarios de viviendas no disfrutaría incrementando las tasas de interés debido al correspondiente descenso en el valor nominal de su cartera de hipotecas y los impagos que se producen cuando los propietarios de viviendas lo pasan mal para abonar unas mayores cuotas por las tasas de interés. Esto parece otra posible utilidad de la temporización para enfrentarse a los riesgos con las tasas de interés.

Usemos el mismo conjunto de dos indicadores con un fondo cotizado en bolsa de bonos para ver qué sucedería si se hubiera temporizado a lo largo de la última década. He usado un período de veintiún días para los indicadores para fijarme en movimientos a medio plazo en los mercados de los índices de interés.

La tabla anterior muestra los resultados de comprar o vender el símbolo de valor SCHQ, un FCB de bonos del Tesoro a largo plazo. Como puedes ver, las señales de compra, que indican un período ascendente para los precios de los bonos y, por lo tanto, unos menores rendimientos de éstos, se dio frecuentemente durante este período, ya que las tasas de interés se redujeron bastante.

En el período medido, una compañía de hipotecas habría tenido el viento a favor. En un período en el que los rendimientos están bajando, podría vender un conjunto de hipotecas por más de lo que habría conseguido con préstamos y haber registrado algunos beneficios extra. Sin embargo, si las tasas de interés tuvieran un largo período de rendimiento creciente, el viento iría, indudablemente, en contra de los deudores, y generar beneficios a partir de una inversión ayuda a compensar parte de ese riesgo, allanando las operaciones financieras.

SimTrader

- Período medido: desde el 1 de enero de 2010 hasta el 1 de junio de 2022 (12,41 años)
- Inversión inicial de 100 000 dólares, 100 % del capital en cada nueva señal, sólo a largo
- Paquete de temporización de tres indicadores
- 21 días (canales de Donchian a 21 días; canal de Keltner a 21 días, factor 2,3; bandas de Bollinger a 21 días, factor 2,0 para operaciones compra, 50 días para ventas)

Estadística	Resultado de las señales de alza	Resultado de las señales de bajada
Tasa de crecimiento compuesto medio (TCCM %)	1,328	0
Ratio de Sharpe	0,126	0
Ratio de Sortino	0,168	0
Beneficio con el descenso medio	0,344	0
Beneficio con el descenso máximo (ratio MAR)	0,068	0
Descenso máximo (%)	-19,539	0
Número total de operaciones (12,41 años)	7	0
Operaciones ganadoras	4	0
Operaciones perdedoras	3	0
% de victorias	57,143	0
Factor de beneficio (beneficio con las operaciones ganadoras/pérdidas con las operaciones perdedoras)	1,38	0
Beneficios totales	2819 dólares	0

GRÁFICA 13 Temporizar los movimientos de precios en un FCB de bonos del tesoro a largo plazo.

Temporización de un FCB sectorial

Esto es algo que he estado haciendo para mi propia cartera de inversión durante décadas y en distintos formatos. Hace muchos años, temporicé fondos mutuos sectoriales. Con la aparición de los FCB y la capacidad de negociar la posición a largo o a corto, pasé a temporizar FCB sectoriales. Así pues, tengo una amplia experiencia en la temporización de fondos.

En mi opinión, la temporización de FCB es un excelente enfoque para gestionar cantidades menores de dinero. En primer lugar, la mayoría de las compañías de corretaje han reducido drásticamente o incluso han eliminado las comisiones por las acciones. Esto te permite comprar cantidades extremadamente pequeñas de valores sin grandes consecuencias negativas.

En segundo lugar, cualquier FCB es un conjunto de acciones dentro del fondo, repartiendo el riesgo de una posición a lo largo de las acciones de varias compañías. Esto ayuda a compensar el efecto de los malos rendimientos de una compañía o una noticia extraordinaria que haga que las acciones cambien de valor en un porcentaje enorme.

En tercer lugar, hay FCB de muchos tipos. Los FCB sectoriales cubren el abanico de distintos sectores, capitalizaciones y direcciones en el mercado. Algunos están gestionados activamente, mientras que otros contienen acciones en un índice pasivamente. Algunos son más caros que otros. Es como una tienda de golosinas: escoges los caramelos que prefieres.

No hice un filtrado extensivo de todos los FCB disponibles al establecer mi propia estrategia de temporización de FCB sectoriales. La mayoría de los FCB serían de la familia de los fondos sectoriales SPDR (certificado de depósito Standard & Poor's) que ves publicitados de vez en cuando en los programas de televisión dedicados a las finanzas. Como frecuentemente me hacen la pregunta «¿Qué FCB sectoriales usas?», he listado sus siglas y nombres a continuación. Como siempre con todo lo que aparece en este libro, cualquier instrumento, indicador o parámetro que uso actualmente están sujetos a cambios a medida que desarrollo mis estrategias como trader todoterreno.

Siglas	Nombre del FCB
EEM	Ishares MSCI Emerging Market (Mercados emergentes)
GNR	SPDR (certificado de depósito Standard & Poor's) Global Natural Resources (Recursos naturales globales)
IWO	Ishares Russell 2000 Growth (Crecimiento)
JNK	SPDR High-Yield Bond (Bono de alto rendimiento)
KBE	SPDR S&P Bank (Banco)
KRE	SPDR Regional Banks (Bancos regionales)
SPDW	SPDR Developed World, Ex-US Stocks (Mundo desarrollado, acciones no de EE. UU.)
SPSM	SPDR S&P 600 Small-Cap Stocks (Acciones de baja capitalización)
XAR	SPDR Aerospace & Defense (Aeroespacial y defensa)
XBI	SPDR Biotech (Biotecnológicas)
XES	SPDR Oil & Gas Equipment & Services (Equipamiento y servicios de petróleo y gas)
XHB	SPDR S&P Homebuilders (Constructores de vivienda)
XLB	SPDR Materials Select Sector (Sector de materiales seleccionado)
XLC	SPDR Communication Services (Servicios de comunicación)
XLE	SPDR Energy Select Sector (Sector de energía seleccionado)
XLF	SPDR Financial Select Sector (Sector financiero seleccionado)
XLI	SPDR Industrial Select Sector (Sector industrial seleccionado)
XLK	SPDR Technology Select Sector (Sector tecnológico seleccionado)
XLP	SPDR Consumer Staples (Artículos básicos de consumo)
XLU	SPDR Utilities Select Sector (Sector de servicios públicos seleccionado)
XLV	SPDR Healthcare Select Sector (Sector de servicios sanitarios seleccionado)
XLY	SPDR Consumer Discretionary Select Sector (Sector discrecional del consumidor seleccionado)
XME	SPDR S&P Metals & Mining (Metales y minería)
XOP	SPDR Oil & Gas Exploration & Production (Exploración y producción de petróleo y gas)
XPH	SPDR Pharmaceuticals (Farmacéuticas)
XRT	SPDR S&P Retail (Minoristas)
XSD	SPDR Semiconductor Sector (Sector de los semiconductores)
XSW	SPDR Software & Services (Software y servicios)
XTL	SPDR Telecom (Telecomunicaciones)
XTN	SPDR Transportation (Transportes)

GRÁFICA 14   Lista de fondos cotizados en bolsa (FCB)
sectoriales que uso actualmente sujetos a cambio.

Tengo una cartera con treinta FCB distintos y cada uno de ellos tiene riesgo de mercado, así que, ¿cómo podría hacerlos más todoterreno? Los temporizo, por supuesto. Usando los tres mismos indicadores que detallaré a final del capítulo, ejecuté los datos con estos treinta fondos a lo largo del mismo período de 12,4 años empleado en los anteriores ejemplos con la plataforma SimTrader.

SimTrader

- Período medido: desde el 1 de enero de 2010 hasta el 1 de junio de 2022 (12,41 años)
- Inversión inicial de 100 000 dólares, 100 % del capital en cada nueva señal, sólo a largo
- Paquete de temporización de tres indicadores
- 21 días (canales de Donchian a 21 días; canal de Keltner a 21 días, factor 2,3; bandas de Bollinger a 21 días, factor 2,0 para operaciones compra, 50 días para ventas)

Estadística	Resultado de las señales de alza	Resultado de las señales de bajada
Tasa de crecimiento compuesto medio (TCCM %)	24,043	0
Ratio de Sharpe	0,849	0
Ratio de Sortino	1,110	0
Beneficio con el descenso medio	3,402	0
Beneficio con el descenso máximo (ratio MAR)	0,492	0
Descenso máximo (%)	-48,859	0
Número total de operaciones (12,41 años)	1,048	0
Operaciones ganadoras	411	0
Operaciones perdedoras	607	0
% de victorias	42,080	0
Factor de beneficio (beneficio con las operaciones ganadoras/pérdidas con las operaciones perdedoras)	1,50	0
Beneficios totales	1 290 977 dólares	0

GRÁFICA 15 Temporización de un fondo cotizado en bolsa sectorial: sólo a largo.

Los resultados se acercan mucho a lo que he experimentado en el mundo real a lo largo del tiempo. Los FCB son a largo y muy provechosos durante los mercados alcistas prolongados. Hemos tenido muchos de ellos en los últimos veintipico años. Durante los mercados bajistas prolongados los FCB optan por liquidar y conservar activos. Durante los períodos laterales, la temporización puede pasarlo mal, encajando muchas pequeñas pérdidas que pueden acabar suponiendo una cantidad importante.

Exploto el riesgo positivo cuando un sector va en dirección ascendente. Ataco al riesgo negativo de un movimiento descendente en el sector. Intento defenderme cuando los mercados no están haciendo nada. Eso equivale a un todoterreno, en mi opinión.

Qué buscar en un candidato para la temporización

La temporización sólo producirá beneficios o evitará pérdidas cuando los mercados se muevan de forma importante. Ningún movimiento equivale a ningún beneficio ni riesgo con el que lidiar, por lo que el primer criterio que deberías buscar es la libertad de movimientos. Cuanto más se mueva una cosa, mejor será ese instrumento de temporización.

El segundo criterio debería ser la liquidez. La mayoría de los instrumentos de trading tiene lo que se llama diferencial de oferta/demanda. El precio de oferta o de compra es el precio más alto que un comprador está dispuesto a pagar por ítem. El precio de demanda o de venta es el precio más bajo al que un vendedor está dispuesto a vender el ítem. Si por un momento el precio de la oferta iguala al de la demanda, se da una transacción, y tanto el comprador como el vendedor consiguen el precio que quieren.

Los mercados líquidos con mucho volumen de transacciones tendrán los diferenciales de oferta/demanda más estrechos y, por lo tanto, el coste más bajo de ineficiencias en el trading. Busca compañías más grandes, mercados con unos volúmenes más elevados e instrumentos de trading que hayan mostrado unos diferenciales de oferta/demanda estrechos en el pasado.

Otro criterio que emplear para escoger candidatos para la temporización es una volatilidad alta. Cuando más rápidamente se mueva un instrumento, más riesgo se podrá aceptar o gestionar con éxito. Muchas plataformas de corredores de bolsa tendrán la volatilidad histórica como uno de los muchos criterios que puedes usar para filtrar buenos candidatos para la temporización de entre la multitud de posibilidades.

Fondos cotizados en bolsa apalancados/inversos

Los gestores de fondos han creado todo tipo de FCB que tienen unas exposiciones muy distintas a la de los antiguos fondos mutuos. Ahora puedes encontrar fondos que actúan como un fondo indexado con triple apalancamiento o comprar un fondo inverso que genere un beneficio cuando el índice en el que esté basado baje. El apalancamiento y la flexibilidad de la dirección de algunos de estos nuevos fondos proporcionan al trader que quiera temporizar inversiones una oportunidad para estructurar varias posiciones agresivas, si decidiera usarlas. Sin embargo, ten cuidado con ellas. Los costes por poseerlas pueden ser superiores, y el apalancamiento en algunas de ellas puede volverse amedrentador cuando la posición se esté moviendo en tu contra.

Temporizar una cuenta individual de jubilación IRA/401K o una cartera de inversión con impuestos diferidos/exenta de impuestos

¿Qué hay del valor de una inversión en una cartera de inversión con impuestos diferidos o exenta de impuestos? Mucha gente me ha dicho que no puede vender una posición en una cartera porque «El valor es inferior que cuando la compré». Esta forma de pensar es muy errónea. Desde el punto de vista de los impuestos, hay muy pocas consecuencias por comprar o vender una inversión dentro de la estructura legal de una cuenta individual de jubilación IRA, 401K, un plan de pensiones u otra cartera con ventajas fiscales. Esto significa que un dólar en metálico es prácticamente igual a un dólar en acciones, un dólar en bonos o un dólar en lo que sea. Un par de clics en tu ordenador y con unos costes por transacciones muy bajos puedes pasar de una inversión a otra con cero consecuencias en forma de impuestos.

No hay ninguna razón lógica por la que debieras obligarte a permanecer en una posición perdedora. El valor de eso en tu cartera es el precio que debes tener en cuenta. El dónde la compraste o cuándo la compraste es prácticamente inútil. Situar tus posiciones en la cartera para generar un beneficio o reducir un riesgo son las únicas cosas que importan.

Conclusión: La temporización es una forma genial de enfrentarse al riesgo en algunas de estas carteras con ventajas en cuanto a los impuestos, ya que no hay consecuencias fiscales con la generación de ganancias o pérdidas realizadas. Un dólar es un dólar en estas carteras.

Indicadores de temporización a tener en cuenta

Probablemente haya tantos indicadores de temporización y conjuntos de parámetros como traders en el mundo. Llamo a estos indicadores máquinas de compra/venta. Como su nombre implica, un motor es algo que genera movimiento, y un motor de compra/venta genera una acción para comprar o vender. Así pues, ¿qué busco en un motor de temporización de compra/venta útil? Fijémonos en algunas cosas.

En primer lugar, quiero tener algo tan sencillo como para poder programar fácilmente un ordenador para calcularlo en cada período. Debería poder describir fácilmente la lógica del indicador a alguien y lograr que lo entienda. Un motor de compra/venta sencillo debería no dejar ninguna duda en absoluto con respecto a qué hacer: comprar, vender o nada.

Además, me gustan los indicadores que tiene un número mínimo de parámetros. Jack Schwager, el autor de la serie de libros *Los magos del mercado* sobre los traders, es un trader exitoso por derecho propio. En una conversación que mantuve con él, usó la frase «grados de restricción». Se estaba refiriendo al concepto de que cuantos más parámetros necesites especificar en un indicador, más restrictivo lo harás. Con más parámetros, el indicador será menos robusto al lidiar con distintas condiciones a las que se enfrentará en el futuro. Por lo tanto, prefiero los indicadores con pocos parámetros.

A continuación, prefiero indicadores que tengan una clara indicación de la dirección del mercado o de la falta de ella. Me gustan los indicadores que incluyen una zona de ruido en la que hay un movimiento normal del precio insignificante. Los movimientos del precio mayores pueden desencadenar señales de dirección ascendente o descendente, proporcionando al trader una señal clara para comprar o vender, respectivamente. No soy un fan de las medias móviles, ya que no hay zona de ruido.

Por último, no creo que sea realmente agradable ni lógico tener que «optimizar» periódicamente un indicador o sus parámetros. Una media móvil de cincuenta días puede que sólo tenga un parámetro, cosa que es genial. Sin embargo, cincuenta días pueden ser óptimos para generar señales un año, pero que disten mucho de ser óptimos al año siguiente. Busco indicadores que se adapten a condiciones variables del mercado. Si un mercado se vuelve más volátil, quiero que el indicador me proporcione una banda de ruido más amplia. En los períodos estables, quiero unos niveles más estrechos de movimientos de precios que desencadenen unas señales más oportunas.

Tres de mis indicadores favoritos de seguimiento de tendencias

Trasfondo de los canales de Donchian

Uno de los indicadores más sencillos que he usado durante décadas fue creado por Richard Donchian, al que tuve la suerte de escuchar en una cena privada para traders hace algunas décadas. Los canales de Donchian son ahora un indicador que lleva su nombre.

Su teoría era sencilla y el indicador era fácil de crear y usar. Creó un canal por encima y por debajo del movimiento normal del precio. Eligió sólo un parámetro: el número de períodos en los que se fijaba en retrospectiva en los datos de los precios.

Compra con la señal ascendente y vende con la señal descendente, y el resto del tiempo no hagas nada. Un indicador de canales de Donchian es sencillo, sólo tiene un parámetro, tiene una zona de ruido, y expande y contrae la zona de ruido cuando los precios se mueven a mayor distancia en los períodos volátiles y se mueven menos en los mercados tranquilos. No debes dejar escapar este indicador.

Definición de los canales de Donchian

Toma el máximo de los últimos «X» días y el mínimo de los últimos «X» días y traza un canal por encima y por debajo de la acción del precio para mostrar los extremos de los precios a lo largo de los últimos «X» días. El área entre estos extremos se consideraría como la zona de ruido y se ignoraría. Por encima del lado alto del canal, el trader diría que el mercado se encuentra en una tendencia alcista. Por debajo de la parte inferior del canal, uno podría ver que la dirección del mercado es descendente. Una ventaja que tienen los canales de Donchian es que miden lo más lejos que se han desviado los precios a lo largo del período especificado.

Trasfondo del canal de Keltner

Otro buen indicador es el canal de Keltner. El Corporate Finance Institute describe la historia del canal de Keltner de la siguiente manera:

> El canal de Keltner recibe su nombre del gran trader estadounidense de cereales Chester W. Keltner, que lo describió en su libro de 1960 titulado *How to make money in commodities*.
>
> Keltner lo describió inicialmente como una media móvil de diez días, y su versión inicial mostraba la línea central indicando el precio típico, que era la media del precio máximo, el mínimo y el precio al cierre. Las líneas por encima y por debajo de la línea central se trazaban a una cierta distancia, y esta distancia era la media móvil simple de los rangos de operaciones de los últimos diez días.
>
> Aquí, la estrategia general consiste en considerar un precio de cierre por encima de la línea superior como una fuerte señal alcista, mientras que uno por debajo de la línea inferior es bajista. El canal de Keltner fue revisado más a fondo más adelante por Linda Bradford Raschke, que añadió distintos períodos de cálculos de medias, una media móvil exponencial y el rango verdadero promedio (RVP) para las bandas.

Definición del canal de Keltner

Este indicador empieza con una media móvil exponencial, luego añade una línea superior e inferior basada en la volatilidad o el rango verdadero promedio (RVP, o *average true range*: ATR), para generar una zona de ruido. Por lo tanto, un indicador de canal de Keltner es fácil de calcular, sólo tiene dos parámetros (el tiempo y los múltiplos del RVP que marquen la banda superior y la inferior), tiene una banda de ruido y usa una medida de la volatilidad (RVP) para expandir o contraer de la zona de ruido. Satisface todos mis criterios para un buen indicador.

El canal de Keltner también tiene un componente de volatilidad que se adapta sobre la marcha cuando los mercados se ponen más o menos emocionantes. La volatilidad en este indicador se mide como el rango verdadero promedio (RVP o ATR, de acuerdo con sus siglas en inglés) a lo largo de un período de «X» días. El indicador calcula primero una media móvil (me gustan las medias móviles exponenciales, pero cualquiera servirá), y luego suma o resta un múltiplo del RVP de la media. Traza tres líneas en la gráfica. La línea intermedia será la media móvil, que probablemente se encontrará en medio de la acción del precio o lo que yo llamaría el ruido. La línea superior se encontraría un múltiplo del RVP (volatilidad) por encima de la línea anterior y, por lo tanto, sería el límite superior del ruido. La línea inferior acabaría siendo el límite inferior del ruido. Por encima del ruido o de la banda superior el mercado tiene una tendencia alcista. Por debajo de la línea inferior el mercado tendría una tendencia bajista. Entre la línea superior y la inferior estaría el ruido, que sería ignorado.

Trasfondo de las bandas de Bollinger

El último motor de compra/venta que uso son las bandas de Bollinger. John Bollinger, al que conocí en una conferencia sobre la temporización hace décadas, creó este indicador en la década de 1980. Este indicador surgió de la necesidad de unas bandas de trading adaptativas y la observación de que la volatilidad es dinámica, y no estática, como se creía ampliamente en esa época.

Las bandas de Bollinger pueden aplicarse a todos los mercados financieros, incluyendo los valores, los mercados de divisas, las materias primas y los futuros. Pueden usarse con la mayoría de marcos de tiempo: desde períodos muy cortos hasta períodos horarios, diarios, semanales o mensuales.

Definición de las bandas Bollinger

Este indicador es similar al canal de Keltner, ya que empieza con una media móvil exponencial. Sin embargo, las bandas de Bollinger usan una medición de la volatilidad distinta a la del canal de Keltner: la desviación estándar de los precios a lo largo del último número «X» de períodos. Al igual que el canal de Keltner, las bandas de Bollinger usan un factor para situar una línea del canal por encima y por debajo de la zona de ruido. La desviación estándar de los precios se multiplica por el factor para calcular la línea superior y la inferior de la zona de ruido. Las bandas de Bollinger son fáciles de calcular, tienen dos parámetros (los períodos de tiempo y el factor), tienen una zona de ruido, y expanden y contraen la zona de ruido a medida que la desviación estándar de los precios sube o baja, por lo que este indicador remata la lista de mis tres favoritos.

Resumen de la temporización

Hemos cubierto mucho en este capítulo sobre cómo la temporización es una forma sencilla de asumir riesgo o de reducirlo atacándolo. He esbozado tres ejemplos y muestro cómo con un sencillo conjunto de indicadores un trader puede modificar espectacularmente el paisaje del riesgo con una estrategia de temporización. La filosofía general consiste en aceptar el riesgo cuando éste parece estar a tu favor y atacarlo cuando podría hacerte daño.

No es un sistema perfecto. Tendrás períodos en los que recibirás una indicación de un riesgo adverso, y el mercado se lo sacudirá rápidamente de encima y reanudará la marcha en tu favor. La temporización generará sacudidas, normalmente acompañadas de pequeñas pérdidas. Éste es el coste de la temporización y es perfectamente aceptable usarla en mis propias carteras de inversión. Sin embargo, lo importante es recordar que, en un período de movimientos del precio prolongado en tu contra, el uso de la temporización puede mitigar una gran parte del potencial de una pérdida importante, e incluso puedes beneficiarte de ese riesgo en algunos casos. Depende de ti, como trader todoterreno, decidir si las pérdidas debidas a vaivenes valen el disfrutar de períodos geniales de movimientos del precio y el evitar pérdidas catastróficas.

CAPÍTULO 6

Asegurar tu cartera de inversión

En el capítulo anterior nos hemos fijado en formas de temporizar el mercado para aprovechar el riesgo para obtener beneficios. Cuando implementas un programa de temporización específicamente para proteger contra un riesgo negativo el resto de la cartera, eso se convertiría en una estrategia de cobertura. Uso este enfoque en mi cartera de acciones. En cualquier momento dado puede que posea entre veinticinco y treinta FCB distintos y una acción o dos, siendo generalmente todos ellos posiciones de valores a largo. Si se diera una bolsa bajista, esos valores estarían, ciertamente, yendo contracorriente, por lo que uso una estrategia de cobertura para proteger la cartera, además de temporizar las posiciones particulares a largo tal y como hemos visto en el capítulo anterior.

Mi cartera de inversión tiende a estar bastante diversificada, pero independientemente de lo que poseas a largo en la parte orientada a las acciones de tu cartera, tienes que creer que si la bolsa, tal y como se mide mediante los índices populares, descendiera digamos un 50 %, probablemente tu cartera no lo pasaría muy bien. La mayoría de las carteras seguramente perderían entre un 40 y un 60 % si no se hiciera nada para mitigar ese riesgo.

La cobertura consiste, simplemente, en intentar generar beneficios para compensar pérdidas. Si mi cartera perdiera mucho durante un largo mercado bajista y yo pudiese generar un beneficio para compensar parte de esas pérdidas, habría reducido el riesgo y me habría situado en una posición cómoda con respecto a todo el proceso.

Mi propio ejemplo en el mundo real

En mi estrategia de temporización sectorial, me fijo en veinte FCB sectoriales distintos y los compro con las señales de dirección ascendente y los vendo con las indicaciones descendentes. Rara vez veo que los veinte fondos proporcionen señales ascendentes, y rara vez me encuentro totalmente con efectivo con esta estrategia. Así pues, en cualquier momento en el tiempo, sufro algún riesgo de un mercado de valores descendente que la temporización de estos FCB no ha tenido en cuenta. Por lo tanto, uso una estrategia de cobertura de índices para gestionar parte de ese riesgo.

En primer lugar, tenía que elegir mi instrumento de cobertura. Como muchos de mis FCB abarcan el espectro de todo el mercado de valores, decidí usar el contrato de futuros del índice de acciones S&P 500 (su símbolo es ES) como instrumento de cobertura. Pensé que mi riesgo de pérdidas con los FCB vendría durante las condiciones descendentes del mercado de valores, por lo que decidí que debía vender las coberturas a cada indicación de una dirección descendente y volver a comprar la cobertura a cada indicación de una dirección ascendente. Con las coberturas desactivadas, mi cartera de FCB estaría entonces sin bridas y podría dejar que los caballos corrieran libremente.

Las razones por las que me decidí por los futuros son muchas. En primer lugar, comprendo los futuros porque he operado con ellos durante más de cuatro décadas. En segundo lugar, las normas impositivas actuales gravan las ganancias/pérdidas con un 60 % a largo plazo y con un 40 % a corto plazo con respecto a las ganancias de capital. Por último, las normas de la venta ficticia de acciones no se aplican aquí, por lo que puedes llevar a cabo múltiples coberturas en un período más corto de tiempo si necesitas hacerlo. Soy un trader, y no un experto en impuestos. Sin embargo, pienso que usar futuros para asegurar (cubrir) mi cartera era una decisión sensata para mí. Deberías consultar con tu experto en impuestos para que te asesore al respecto si decides usar futuros para asegurar tu cartera.

Apoyándome en mi estudio anterior de los períodos ascendentes y descendentes, vi que el mercado de valores pasa mucho más tiempo en direcciones ascendentes que en descendentes. Decidí hacer uso de ese estudio y variar la sensibilidad de los indicadores dependiendo de si estaban mostrando un señal ascendente o descendente. Hice que a las señales descendentes les costase más desencadenar una operación de cobertura e hice más fácil desencadenar una señal de compra que eliminase las coberturas. Decidí que, para mi cartera de inversión, cincuenta días sería un período de medición adecuado para desencadenar la implementación de las operaciones de cobertura, mientras que se usarían sólo veintiún días para retirar las coberturas. Usé tres indicadores: los canales de Donchian, el canal de Keltner y las bandas de Bollinger, y decidí que establecería la cobertura con el primer indicador que proporcionase una señal de venta y lo retiraría con el primero de los tres indicadores que proporcionase una señal de compra. El factor para el indicador de Keltner que uso en la actualidad es de 2,3, y el factor para el indicador de Bollinger es de 2,0. Toda la fijación de parámetros se nuestra en la gráfica 16.

	Donchian	Keltner	Bollinger
↓ Días en dirección descendente	50	50	50
↓ Factor de dirección descendente	No aplicable	2,3	2,0
↑ Días en dirección ascendente	21	21	21
↑ Factor de dirección ascendente	No aplicable	2,3	2,0

GRÁFICA 16   Parámetros de cobertura actualmente en uso, sujetos a cambios.

Usando estos parámetros y la plataforma de simulación SimTrader, analicé señales descendentes sólo con el contrato de futuros ES. Empecé con una cartera simulada de 10 millones de dólares, de modo que ninguna de las posiciones en la cartera o los rendimientos que recibía dependieran del tamaño de la cartera. Unas carteras más pequeñas reaccionarán de forma parecida a las carteras de mayor tamaño, pero, en ocasiones, las posiciones no se ejecutarán debido a algoritmos de cálculo del tamaño de la posición, que generarán granularidad en los resultados. **Usar una cantidad excesivamente grande de patrimonio en la cartera para hacer simulaciones te proporcionará unos resultados más realistas sobre lo que la lógica y las matemáticas que has creado habrían hecho durante el período medido.** En estas últimas décadas, el mercado de valores ha tenido una dirección generalmente ascendente, por lo que la cobertura debería haber costado algo, y lo costó. Las señales ascendentes harían que la cartera cosechase beneficios, y lo hizo. El resultado neto mostrado en la gráfica 17 es que, en conjunto, el riesgo descendente catastrófico de la cartera se reducía, algunas medidas de la relación rendimiento-riesgo mejoraron, el descenso máximo se redujo, como era de esperar, y los beneficios totales aumentaron debido al efecto positivo de la diversificación ayudando a incrementar el patrimonio.

Sim Trader

• Período medido: desde el 1 de enero de 2010 hasta el 1 de junio de 2022 (12,41 años) • Inversión inicial de 100.000 dólares, 100 % del capital en cada nueva señal, sólo a largo • Paquete de temporización de tres indicadores • 21 días (canales de Donchian a 21 días; canal de Keltner a 21 días, factor 2,3; bandas de Bollinger a 21 días, factor 2,0 para operaciones compra, 50 días para ventas)			

Estadística	Comprar y conservar	Sólo cobertura	Combinado
Tasa de crecimiento compuesto medio (TCCM %)	11,960	-4,161	11,079
Ratio de Sharpe	0,934	-0,453	1,103
Ratio de Sortino	1,119	-0,655	1,275
Beneficio con el descenso medio	7,757	-0,695	6,812
Beneficio con el descenso máximo (ratio MAR)	0,492	-0,230	0,554
Descenso máximo (%)	0,396	-18,090	-19,993
Número total de operaciones (12,41 años)	1	9	29
Operaciones ganadoras	1	2	10
Operaciones perdedoras	0	7	19
% de victorias	100,00	22,222	34,483
Beneficios totales	305 682 dólares	-14 875 dólares	267 832 dólares

GRÁFICA 17 Temporización de la cobertura ES.

Una pregunta típica que me hacen los traders que ejecutan simulaciones es: «¿Por qué iba a querer añadir la estrategia de Sólo Cobertura cuando pierde dinero a lo largo de toda la simulación?». La respuesta es que ayuda a producir más beneficios predecibles allanando la curva de capital y evita parte de las pérdidas catastróficas que requieren de unos beneficios muy abultados simplemente para compensar las pérdidas. El trader puede tomar los beneficios de una cobertura de un mercado bajista y comprar más acciones a precios muy inferiores, mejorando las relaciones riesgo-beneficio. La capacidad de combinar y de mantener al trader equilibrado mentalmente es mucho más importante a largo plazo de lo que muchos traders son conscientes. Para mí es tan importante que no consideraría tener acciones a largo sin una estrategia de cobertura implementada para los grandes y nefastos mercados bajistas.

¿Cuánto deberías asegurar?

Ahora que dispones de un plan para cubrir o asegurarte contra el riesgo en la cartera, debemos responder a la pregunta: «¿Cuál debería ser el tamaño de la cobertura?». Si tuvieras una cartera de cien mil dólares de acciones diversificadas a largo en diez acciones distintas con una cantidad de diez mil dólares cada una, ¿cómo podríamos averiguar qué cobertura necesitaríamos para protegernos en un mercado bajista?

La forma más sencilla y fácil de calcular la respuesta consiste en hacer que la cobertura sea de la misma cantidad en dólares que las posiciones de la cartera de acciones. Por lo tanto, un trader podría vender un valor nominal de cien mil dólares de futuros de índices y darse cuenta de que, aunque el índice no se mueva precisamente como las acciones de la cartera, el riesgo se ha reducido enormemente.

¿Cuál es el problema con este enfoque simplista? No has pensado en la velocidad a la que la cartera y la cobertura se mueven y no los has emparejado. Mediante el uso de sólo simples cantidades en dólares, quizás tengas una cobertura excesiva o insuficiente. Una cartera de acciones de servicios públicos va a moverse más lentamente que la cobertura. Una cartera de acciones tecnológicas volátiles puede moverse más rápidamente que la cobertura. En estos ejemplos, la cobertura estará desparejada con la cartera. Lo que es incluso peor es que no sabrás cuál es hasta que hagas la operación de la cobertura y la liquides.

Una forma de calcular una cobertura más eficaz consiste en medir la volatilidad de la cartera. Usando una sencilla media de movimiento porcentual por día a lo largo de un período de tiempo adecuado, podrás determinar qué cantidad de una posición de cobertura se emparejará con la volatilidad de la cartera de acciones. Si tienes la misma cartera de acciones de cien mil dólares y a lo largo de los últimos cincuenta días el movimiento porcentual por día ha sido del 0,3 % y el movimiento porcentual diario en la cobertura ha sido del 0,3 %, entonces necesitarías un valor nominal de cien mil dólares de cobertura para casar con la cartera. Si, no obstante, la volatilidad de la cobertura fuese del 0,15 %, haría falta una cobertura del doble, o de doscientos mil dólares en valor nominal, para casar con la cartera.

¿Qué deberías usar para asegurar?

No todos disponen de mis conocimientos ni de mi nivel de comodidad con el trading de futuros a modo de cobertura. Algunas empresas de correduría de bolsa ni siquiera ofrecen acceso al mercado de futuros, por lo que los traders deben valorar sus opciones al decidir qué usar para sus coberturas. Si tu cartera se encuentra en una empresa de correduría que permite trabajar con acciones y con futuros, entonces podrás seguir el ejemplo anterior y usar contratos de futuros con un indicador de seguimiento de tendencias o con un conjunto de indicadores y cubrir de esa forma.

Por otro lado, si tu cartera es gestionada por una empresa de correduría que no te proporciona acceso a futuros, quizás tengas que usar otros enfoques para asegurar tu cartera de inversión. Si tienes una cuenta de margen, deberías invertir a corto en un FCB indexado que se correlacione bien con tu cartera. Si, por ejemplo, posees principalmente acciones tecnológicas en tu cartera, quizás quieras usar un FCB del índice NASDAQ como el que tiene el símbolo QQQ y operar a corto con él en los movimientos descendentes, retirándolo en los movimientos ascendentes.

Mantuve una conversación con un trader que poseía una cartera de acciones de países de la cuenca del Pacífico porque viajaba frecuentemente a esa parte del mundo y se sentía cómodo poseyendo acciones de compañías sobre las que sabía algo. Encontró un FCB indexado de países de la cuenca del Pacífico que se correlacionaba bien con el movimiento de su propia cartera y usó ese FCB indexado para asegurar o cubrir su cartera durante los movimientos descendentes. Éste es un ejemplo perfecto de pensar detenidamente en tu instrumento de cobertura y hacerlo encajar con tu propia cartera de inversión.

En el caso de la cuenta individual de jubilación IRA de mi mujer, tuve un problema distinto. En la IRA no podía ejecutar una venta a corto de un FCB debido a las normas de la Agencia Tributaria para las IRA. Resolví el problema comprando a largo un fondo inverso de triple cobertura como el que tiene el símbolo SPXU en una cantidad adecuada. De esa forma, tenía una posición a largo más en la IRA, pero la cartera seguía estando cubierta.

Encontrar tu propia estrategia de cobertura todoterreno particular

He expuesto variedad de formas en las que podrías pensar en asegurar tu cartera, pero como cada lector de este libro tendrá una cartera distinta que necesite de cobertura, cada solución debería personalizarse para que el rompecabezas de la cobertura se resuelva. Puede que algunos de vosotros uséis un sencillo contrato de futuros, mientras que puede que otros empleen un FCB o un FCB inverso para reducir el riesgo del mercado en la cartera de inversión.

Para mí, lo importante de lo que hay que darse cuenta es que no tiene que ser perfecto para dar pasos hacia la reducción de la cantidad de dolor que la cartera, y posteriormente tú, sufriréis. Cuando hayas calculado que estás asumiendo un mayor riesgo debido a unas posiciones peligrosas, unos movimientos adversos del mercado o unos sucesos impactantes que se avecinen que hagan que estés en peligro, asegurar tu cartera puede hacer mucho por generar una cartera todoterreno que pueda resistir las turbulencias.

CAPÍTULO 7

Diversificación extrema

¿Qué es la diversificación extrema?

Imagina que eres un multimilmillonario y que tienes activos distribuidos por todo el mundo, en distintas zonas horarias, diferentes mercados, una gran cartera de inversión en la que cada posición es larga o corta, tienes propiedades inmobiliarias y posiciones en divisas. ¿Qué aspecto esperarías que tuviera un día normal? Verías algunos beneficios en un porcentaje de todas estas inversiones y probablemente verías algunas pérdidas en las otras. El resultado neto: si las ganancias en las posiciones rentables son superiores a las pérdidas de las no rentables, tu cartera total tendrá otro día positivo.

Aunque la mayoría de la gente que está leyendo este libro (y el autor) no somos milmillonarios, podemos seguir sacando provecho de algunas ideas de diversificación extrema y ayudarnos a suavizar nuestros resultados. Quizás no podamos alcanzar miles de posiciones a lo largo de todo el mundo, pero las buenas noticias son que, si podemos conseguir diez o veinte posiciones con una correlación muy baja, deberíamos ver una cartera menos volátil.

¿Qué es la correlación y por qué queremos mantenerla baja?

La correlación es un concierto estadístico que mide el grado en el que dos ítems en una cartera de inversión se mueven el uno igual que el otro. Si el valor A y el valor B son, ambos, compañías muy grandes del sector energético y el precio del petróleo baja un 1 % hoy, ambas acciones se verán probablemente afectadas negativamente. Si el valor A desciende un 0,75 % en el día y el valor B también baja un 0,75 %, podemos decir que estas dos acciones tienen un 100 % de correlación o un factor de correlación de 1. Esto significa que esperamos que estas acciones se muevan exactamente igual la una que la otra. La correlación suele medirse a lo largo de un período de muchos días.

No importa si los movimientos del precio son ascendentes o descendentes. Si se mueven juntos, la correlación es del 100 %. ¿Pero cuál sería la correlación si tuviéramos una cartera de acciones que bajara un 5 %, y una cobertura, tal y como hemos visto en el anterior capítulo, que subiera un 5 %? Estos dos ítems estarían perfectamente correlacionados inversamente (tendrían una correlación del -100 %). El coeficiente de correlación sería -1. Esto es genial para cubrir, ya que estamos intentando compensar las pérdidas potenciales en una parte de la cartera con los beneficios de una cobertura. Sin embargo, esto no es lo que queremos al desarrollar una cartera extremadamente diversificada. Los instrumentos como éstos siempre estarían combatiendo entre ellos y dañarían el potencial de obtener beneficios.

Tenemos que buscar una no-correlación o una baja correlación. ¿Por qué? Queremos que cualesquiera dos ítems en la cartera diversificada hagan lo suyo. El uno no se preocupa de lo que hace el otro, por lo que ambos podrían subir, ambos podrían bajar o uno podría moverse en nuestra dirección y el otro en nuestra contra. Son independientes el uno del otro. Esto ayuda a estabilizar la cartera en su conjunto y es una herramienta más que el trader todoterreno puede usar para allanar los resultados.

Algunas tablas de correlación a modo de ejemplo

Cuando empecé en el negocio de la gestión de carteras, sólo había unas pocas formas de diversificar tu cartera de acciones. Podías comprar acciones de distintos sectores o de distintos países. No era ideal, pero podías obtener algunos efectos positivos para la cartera.

La economía actual, acelerada y dirigida por la electrónica, hace que el mundo sea un lugar pequeño. Si Nueva York tiene un mal día, hay probabilidades de que Sídney, Tokio, Hong Kong, París y Londres también tengan un mal día. Hay una capacidad mucho menor de diversificar por países. Examinemos las tendencias a largo plazo de las correlaciones entre acciones.

A continuación, tenemos una gráfica del último siglo de las correlaciones de los mercados de valores globales bien resumida por Dennis P. Quinn y Hans-Joachim Voth en su estudio de correlaciones globales.[1] Muestra claramente que las antiguas formas de conseguir diversificación están desapareciendo.

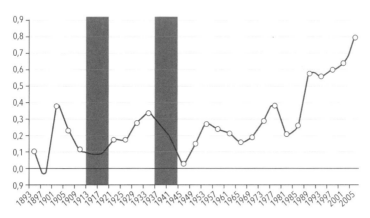

(Las áreas sombreadas indican observaciones que reflejan beneficios de acciones afectados por las dos guerras mundiales).

GRÁFICA 18   El último siglo de correlaciones de los mercados de valores mundiales.

Otro ejemplo que señala claramente la falta de potencial de diversificación global puede verse en una matriz de correlación que ejecuté en junio de 2022. Cualquier correlación por encima de 0,80 mostraría una correlación muy alta entre los dos mercados mostrados en el eje X e Y de la tabla. Unas correlaciones muy inferiores, cercanas a 0,0, mostrarían una falta de correlación y serían un lugar en el que diversificar.

1. Quinn, D. P. y Voth, H-J.: «A century of global equity market correlations», *American Economic Review,* vol. 98, n.º 2, pp. 535-540 (2008). www.aeaweb.org/articles?id=10.1257/aer.98.2.535

País	R2000	NAS	S&P	NAS	DAX	CAC 40	Seoul	All Ords	NZSE	NIKKEI
Russell 2000 (EE. UU.)	1	0,96	0,99	0,94	0,77	0,90	0,82	0,83	0,87	0,61
NASDAQ (EE. UU.)	0,96	1	0,97	0,88	0,67	0,83	0,77	0,77	0,87	0,56
S&P 500 (EE. UU.)	0,99	0,97	1	0,94	0,75	0,90	0,84	0,85	0,91	0,56
NASDAQ (Reino Unido)	0,94	0,88	0,94	1	0,82	0,92	0,87	0,90	0,86	0,60
DAX (Alemania)	0,77	0,67	0,75	0,82	1	0,93	0,85	0,74	0,61	0,65
CAC 40 (Francia)	0,90	0,83	0,90	0,92	0,93	1	0,91	0,88	0,80	0,62
Seoul Comp (Corea)	0,82	0,77	0,84	0,87	0,85	0,91	1	0,91	0,84	0,45
All Ords (Australia)	0,83	0,77	0,85	0,90	0,74	0,88	0,91	1	0,92	0,48
NZSE (Nueva Zelanda)	0,87	0,87	0,91	0,86	0,61	0,80	0,84	0,92	1	0,44
NIKKEI 225 (Japón)	0,61	0,56	0,56	0,60	0,65	0,62	0,45	0,48	0,44	1

GRÁFICA 19 Correlaciones de los mercados de valores mundiales.

También puedes ver la falta de diversificación en acciones concretas. He guardado dos gráficas cortesía de McClellan Financial Publications (www.mcoscillator.com) y las he incluido aquí. Puedes ver claramente que cuando el mercado de valores estaba siendo golpeado con dureza en 2008, los nuevos mínimos en la bolsa de Nueva York se dispararon y los nuevos máximos se volvieron inexistentes. Lo que eso significa, en términos sencillos, es que la mayoría de las acciones estaban alcanzando nuevos mínimos y que no disponías de ningún lugar donde esconderte si tenías una cartera de acciones.

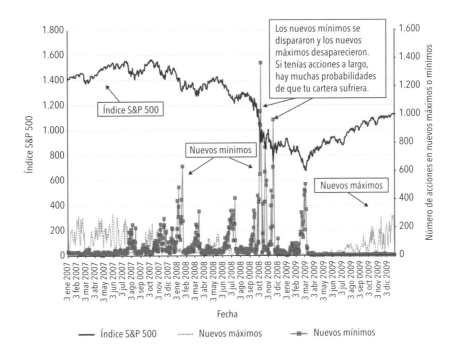

GRÁFICA 20 Índice S&P 500 versus el número de acciones
de la bolsa de Nueva York en nuevos máximos y mínimos.

¿Qué mercados no están correlacionados?

He pasado algunas páginas transmitiendo la idea de que las carteras de acciones se están volviendo muy correlacionadas. Esperaría que, durante las épocas de crisis, cuando el pánico tiende a reflejarse en los mercados, una cartera con un 100 % de acciones probablemente sufriera. Decidí, allá en la década de 1980, como gestor de cartera sólo de acciones a largo, que necesitaba disponer de algo en mi cartera que pudiera producir beneficios cuando el mercado de acciones pasara por uno de sus colapsos catastróficos periódicos. Quería algo con lo que pudiese ir a largo o a corto y que fuera eficiente desde el punto de vista fiscal, líquido y con lo que fuera fácil operar. Me fijé en los futuros por poseer todas estas características y me propuse usarlas. Fíjate en una matriz de distintos contratos de futuros y en todas las distintas correlaciones disponibles para el trader del Moore Research Center, Inc., o MRCI (www.mrci.com, número de teléfono: 541-525-0521):

	YM	NQ	NK	US	ED	EU	JY	GC	PL	HG	CL	NG	KC	CC	SB	W	S	CT	LC	HE	LB
YM		73	70	23	9	4	-35	22	-4	3	-15	-18	-6	-24	8	10	-11	0	10	-32	7
NQ	73		80	73	45	-6	9	0	-30	-32	-70	-18	-10	-56	41	42	-55	-42	-7	-62	-24
NK	70	80		50	65	35	11	-25	14	-7	-47	21	-46	-22	64	28	-67	-44	-43	-69	-50
US	23	73	50		60	-5	53	-25	-42	-55	-89	-13	-21	-64	50	33	-73	-69	-26	-68	-41
ED	9	45	65	60		55	69	-36	8	-31	-65	49	-76	-14	76	3	-94	-77	-81	-85	-76
EU	4	-6	35	-5	55		42	-17	51	23	7	72	-79	42	37	-38	-42	-33	-64	-41	-55
JY	-35	9	11	53	69	42		-35	-5	-47	-52	37	-50	-2	57	0	-68	-60	-61	-52	-59
GC	22	0	-25	-25	-36	-17	-35		50	27	40	-18	26	6	-6	38	33	55	28	35	18
PL	-4	-30	14	-42	8	51	-5	50		45	56	62	-39	42	23	7	6	35	-23	17	-45
HG	3	-32	-7	-55	-31	23	-47	27	45		56	8	8	36	-30	-23	37	29	16	31	26
CL	-15	-70	-47	-89	-65	7	-52	40	56	56		18	19	59	-45	-25	76	81	35	73	32
NG	-18	-18	21	-13	49	72	37	-18	62	8	18		-68	39	41	-14	-32	-11	-53	-23	-74
KC	-6	-10	-46	-21	-76	-79	-50	26	-39	8	19	-68		-13	-52	26	64	50	79	61	70
CC	-24	-56	-22	-64	-14	42	-2	6	42	36	59	39	-13		4	-36	30	25	-5	34	5
SB	8	41	64	50	76	37	57	-6	23	-30	-45	41	-52	4		34	-75	-51	-55	-56	-72
W	10	42	28	33	3	-38	0	38	7	-23	-25	-14	26	-36	34		-15	10	17	-1	-29
S	-11	-55	-67	-73	-94	-42	-68	33	6	37	76	-32	64	30	-75	-15		84	77	90	69
CT	0	-42	-44	-69	-77	-33	-60	55	35	29	81	-11	50	25	-51	10	84		63	81	41
LC	10	-7	-43	-26	-81	-64	-61	28	-23	16	35	-53	79	-5	-55	17	77	63		72	63
HE	-32	-62	-69	-68	-85	-41	-52	35	17	31	73	-23	61	34	-56	-1	90	81	72		52
LB	7	-24	-50	-41	-76	-55	-59	18	-45	26	32	-74	70	5	-72	-29	69	41	63	52	

Código de los símbolos		
YM = Dow Jones 30	GC = Oro	SB = Azúcar
NQ = Índice NASDAQ	PT = Platino	W = Trigo
NK = Índice Nikkei	HG = Cobre	S = Soja
US = Bonos del Tesoro estadounidense a 30 años	CL = Crudo (West Texas)	CT = Algodón
ED = Eurodólar	NG = Gas natural	LC = Vacuno vivo
EU = Eurodólar, mercado de divisas	KC = Café	HE = Porcino
JY = Yen japonés	CC = Cacao	LB = Madera

GRÁFICA 21 Correlaciones intermercado del MRCI (90 días anteriores, 14 de febrero de 2022).

Los cuadros sombreados son correlaciones que son o muy positivas o muy negativas. Con unas correlaciones positivas altas, no estás obteniendo mucha diversificación. Con unas correlaciones negativas altas, las posiciones en tu cartera están, potencialmente, batallando entre sí. Las cifras sombreadas son iguales o mayores a 80 o iguales o menores a -80. Éstas no fueron buenas diversificaciones a lo largo de los noventa días medidos por Moore Research. Sin embargo, fíjate en la tabla en su totalidad y verás que la gran mayoría de los emparejamientos no están muy correlacionados ni positiva ni negativamente. Puedes ver muchos emparejamientos de instrumentos que se encuentran entre -0,5 y 0,5, que es la zona sin correlación.

Tiene sentido, ¿verdad? ¿Por qué narices iban a tener algo que ver los precios de la madera con los del porcino? ¿Se preocuparían los traders del yen japonés por los precios del algodón? Probablemente no. Por lo tanto, estos mercados con unas correlaciones bajas pueden ir a su propio ritmo y pueden proporcionar unos flujos de beneficios muy distintos para estabilizar la cartera de inversión. Esto me recuerda al antiguo corte de sección del motor de un coche.

Cada pistón se encuentra en una posición distinta en cada momento dado: a veces en alto, a veces en bajo, pero todos ellos haciendo su trabajo para mover el cigüeñal y hacer avanzar el coche. En el caso de la diversificación extrema, si todas las posibles posiciones diversificadas tienen una probabilidad positiva de generar un beneficio, pero lo hacen en distintos momentos, el flujo de beneficio general es probable que sea más constante.

Usando estos instrumentos no correlacionados, un trader puede acercarse más a esa cartera de inversión diversificada que tenga instrumentos que actúen verdaderamente por su cuenta y que no estén ligados a lo que otra cosa de la cartera esté haciendo en ese momento. Me llevó cuatro años de operaciones con pequeños volúmenes de contratos de futuros averiguar qué quería hacer con ellos y generar un beneficio, pero cuando llegué a ese destino, abrió todo un mundo nuevo de diversificación extrema. Es un destino realmente agradable.

Aquí tenemos un ejemplo del mundo real de mi época como asesor registrado de trading de materias primas (ARTMP) en Trendstat Capital. El sector de los futuros gestionados debe obtener beneficios del mercado de futuros, por lo que parece lógico que cuando los mercados de futuros se muevan haya beneficios que obtener, y cuando los mercados estén apáticos, los ARTMP tiendan a pasar una mala época. Estos períodos productivos e improductivos no están necesariamente correlacionados con lo que sea que las acciones estén haciendo en ese período.

Aquí tenemos una gráfica, cortesía de Barclay Hedge (www.barclayhedge. com), que monitoriza todo tipo de índices interesantes en el sector de los fondos de cobertura y los ARTMP. He usado el Índice ARTMP de Barclay, que se define en su página web de la siguiente manera:

> El Índice ARTMP de Barclay mide el rendimiento compuesto de programas asentados. En cuanto a los fines de este índice, un programa de trading establecido es un programa de trading *con cuatro o más años de historia de desempeño documentado. Una vez que este programa de* trading supera este obstáculo de cuatro años, su rendimiento posterior se incluye en este índice ponderado por igual y reequilibrado al principio del índice de cada año. El Índice Barclay no representa una cartera de inversión real, en el que se podría invertir y, por lo tanto, los resultados del índice de rendimiento deberían considerarse de naturaleza hipotética y sólo con un valor comparativo.

Tracé el índice ARTMP frente al índice de acciones Standard & Poor's 500. Imagina generar una cartera de inversión en la que tuvieras un 50 % de acciones medidas de acuerdo con el índice S&P 500 y el resto en el índice ARTMP como representación de una cartera de futuros. Tal y como puedes ver en la gráfica, hay varias ocasiones en la historia en las que el índice ARTMP ayuda al rendimiento y algunas en las que lo perjudica. Ésa es otra forma de decir que no están correlacionados, que es lo que estamos buscando en la diversificación extrema.

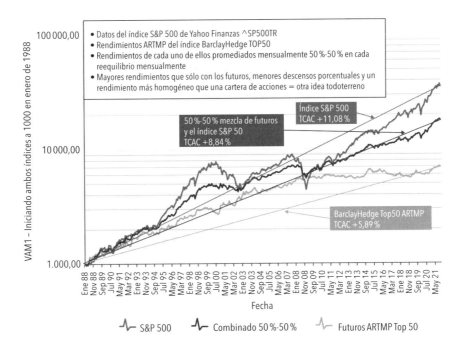

Datos del índice S&P 500 de Yahoo Finanzas ^SP500TR
- Rendimientos ARTMP del índice BarclayHedge TOP50
- Rendimientos de cada uno de ellos promediados mensualmente 50%-50% en cada reequilibrio mensualmente
- Mayores rendimientos que sólo con los futuros, menores descensos porcentuales y un rendimiento más homogéneo que una cartera de acciones = otra idea todoterreno

Índice S&P 500
TCAC +11,08%

50%-50% mezcla de futuros y el índice S&P 50
TCAC +8,84%

BarclayHedge Top50 ARTMP
TCAC +5,89%

VAM1 – Iniciando ambos índices a 1000 en enero de 1988

Fecha

—⁓— S&P 500   —⁓— Combinado 50%-50%   —⁓— Futuros ARTMP Top 50

GRÁFICA 22   Beneficios de los ARTPM y el índice S&P 500 combinados (50%/50%).

Pero los futuros son peligrosos, ¿verdad?

Me hacen esta pregunta todo del tiempo, y a pesar de mi reputación como trader conservador, ya llevo unos cuarenta y cinco años operando con futuros. La clave para usar futuros para diversificar tu cartera yace en el uso del apalancamiento. Mientras un apalancamiento mayor puede ser peligroso, un apalancamiento bajo puede ser prácticamente aburrido.

Tomemos, por ejemplo, un minicontrato de crudo (West Texas Intermediate) que cotiza en el mercado Chicago Mercantile Exchange (CME) basado en el gran contrato de crudo negociado en el mercado New York Mercantile Exchange (NYMEX). Este minicontrato es por quinientos barriles de crudo a ser entregados en una fecha futura. Digamos que el precio es de 90 dólares por barril. Eso significa que un trader puede comprar 45 000 dólares de crudo por su precio nominal.

Si quieres hacerlo extremadamente peligroso, aportas los 4200 dólares que el CME exige como margen inicial y posees el crudo con un apalancamiento de 10,7 a 1, lo que es ciertamente peligroso. Si te fueras al otro extremo y pagases el contrato en su totalidad, pondrías 45 000 dólares, no tendrías apalancamiento y tendrías una posición un tanto aburrida en tu cartera de inversión. El punto en el que operarían la mayoría de los traders es en algún lugar intermedio. Tendrías algo de apalancamiento, pero no demasiado.

Piensa en los bienes inmuebles. Muchas compras de bienes inmuebles se hacen con un adelanto de entre el 10 y el 20 % de la hipoteca. Algunos ponen todo el dinero y no piden una hipoteca. Otros, especialmente a principios de la década de 2000, no adelantaban nada de dinero. Si pagas por tu casa en metálico y sigues viviendo en ella, eso es una parte muy aburrida de tu cartera de inversión total. Si adelantas un 5 %, las fluctuaciones en el precio de las propiedades inmobiliarias pueden ahogarte rápidamente con tu hipoteca. Te queda un patrimonio negativo en tu vivienda después de amortizar la hipoteca debido a las fluctuaciones del mercado. Buena parte de la gestión del riesgo se convierte en la gestión del apalancamiento.

Márgenes de los futuros (no son lo mismo que los márgenes de las acciones)

La Reserva Federal (FED) marca la tasa de margen de las acciones, que es del 50 % en el momento en el que estoy escribiendo este libro. Las empresas de correduría pueden determinar sus propias tasas de margen siempre que sean por lo menos tan restrictivas como las de las normas de márgenes de la FED.

En una cartera de inversión de valores, el bróker está, en esencia, prestándote el 100 % del valor de tu cartera, permitiéndote comprar o vender posiciones adicionales más allá del valor en metálico de tus acciones. El bróker te cobrará una tasa de interés a corto plazo sobre el préstamo del margen. Como un contrato de futuros es, simplemente, una cantidad de algo que debe ser entregado o recibido en una fecha futura, el margen asume un significado distinto. Es, básicamente, un depósito de buena fe para proporcionar a tu bróker y a los mercados la garantía de que dispones de la capacidad financiera para satisfacer las promesas que has hecho al comprar o vender el contrato de futuros. En el ejemplo anterior del crudo, el mercado pensó que 4200 dólares era una cantidad suficiente para proporcionar esa garantía.

Los niveles de margen de los futuros pueden cambiar espectacularmente. Cuando los mercados se vuelven completamente locos, pueden requerir de cantidades mayores de «dinero de buena fe» (garantía o depósito) para reducir el apalancamiento y calmar los movimientos de precios. Cuando los mercados son muy estables durante períodos de tiempo prolongados, pueden reducir el requisito de margen para ayudar a incrementar la capacidad de los traders para participar en ese mercado.

En mi época como asesor registrado de trading de materias primas (ARTMP) en Trendstat, operábamos con alrededor de un 15 a un 20 % de patrimonio en nuestra utilización de margen. Eso significa que teníamos un apalancamiento de aproximadamente 5 a 1 en nuestra posición media. Actualmente me encuentro en esos niveles (alrededor de un 15-17 %) en mi cartera de jubilación. La idea que estoy transmitiendo aquí es que puedes determinar tu propio nivel de exposición allá donde la quieras. Operar a los niveles más elevados de margen sobre el capital será más emocionante, y operar con un menor apalancamiento hará que las cosas sean mentalmente más fáciles, pero tendrá un menor efecto sobre la cartera de inversión. Tú eres tu propio trader todoterreno. Eres tú quien decide dónde aplicar esto.

Muchos pequeños traders que estén leyendo este libro señalarán que no se sienten cómodos comprando 45 000 dólares de crudo en su cartera de inversión como en el ejemplo anterior. Sin embargo, al hacer los cálculos, un movimiento de un dólar en un barril de noventa dólares es como tener unas acciones que se mueven un 1,1 % ese día. Hay muchas acciones tecnológicas que se mueven así cada día. Los microcontratos han estado llegando al mercado en muchos mercados de futuros, y yo los uso abundantemente. El Chicago Mercantile Exchange (CME) ha sido especialmente bueno creando y operando con microcontratos de energía, criptomonedas, metales preciosos, índices de bolsa y otros sectores de las materias primas (www.cmegroup.com/markets/microsuite.html).

Diversificar por período de tiempo

Para mi propia cartera de inversión, prefiero un período de tiempo intermedio para operar con mis posiciones en futuros. Estoy jubilado y no deseo estar sentado todo el día frente al ordenador fijándome en cómo los precios se van moviendo. Tomo mis decisiones y transmito mis órdenes una vez al día, y ése es el único momento en el que necesito mirar a la pantalla realmente. El resto del día prefiero estar haciendo algo más productivo y agradable.

Algunos de vosotros querréis más acción, y podéis obtenerla con la diversificación del período de tiempo. Digamos que tuvieses un motor/indicador de compra/venta favorito que operara a veintiún días o aproximadamente un mes de días de trading. Podrías añadir otro indicador que operara a nueve días o algún otro período de tiempo más corto. Cuanto menor sea el término del indicador, más operaciones ejecutarás con la estrategia. Menos días en el indicador también reducirán normalmente el riesgo por contrato hasta llegar a tus niveles de *stop loss*. Puede que esto conlleve un mayor esfuerzo para gestionar tu cartera, pero ese trabajo extra puede valer realmente la pena para homogeneizar los resultados y añadir una mitigación de riesgo a tu cartera de inversión todoterreno.

Superposición de futuros a tu cartera de acciones

Un concepto que se desarrolló en las décadas de 1990 y 2000, mientras me estaba jubilando de mis tareas como gestor de cartera profesional a jornada completa, consistía en superponer una estrategia de futuros gestionados a una cartera de acciones. Si piensas en ello, para una cuenta de 100 000 dólares en acciones se te permite comprar 200 000 dólares de acciones en tu cartera. Eso te proporciona apalancamiento, hace que el riesgo de tener problemas sea mayor y hace poco por diversificar la cartera. Suele ser, simplemente, una forma de intentar aumentar tus rendimientos con tu cartera.

¿Qué tal si tomáramos quizás un 20 % del capital, o 20 000 dólares, y los usáramos para diversificar en una cartera pequeña y diversificada de microfuturos gestionados con una estrategia distinta y un usando período de tiempo distinto para los indicadores? Estaríamos operando con una estrategia con un capital de 100 000 dólares, pero usando sólo un 15-20 % del poder adquisitivo disponible en la cuenta para cubrir los depósitos de margen «de buena fe» para que el bróker y los mercados estén satisfechos. Eso nos sigue dejando 80 000 dólares de poder adquisitivo intactos. Ahora tenemos una cartera de valores de 100 000 dólares y, al mismo tiempo, usando el mismo capital, tenemos al dinero trabajando el doble de duro en algunos mercados diversificados que no están ligados entre sí. Estamos «superponiendo» la cartera de futuros y sus posiciones a la cartera de acciones.

He usado esta técnica en mi propio trading durante más de veinte años ya. La he visto ayudar a diversificar mi cartera, mantenerla más estable, proporcionar algunos beneficios emocionantes cuando algunos mercados de futuros se vuelven locos y mantener un uso más eficiente de mi capital. Piensa en ello como en la diversificación como estrategia. Ejecuto dos estrategias con más diversificación con el mismo capital.

Hagamos un estudio hipotético de combinar futuros tal y como los mide el Índice Barclay Hedge Top 50 CTA Index con el índice S&P 500 representando a las acciones a lo largo de los últimos treinta y cuatro años. Sin embargo, en esta ocasión vamos a hacer trabajar al capital un poco más duro superponiendo los futuros sobre la cartera de acciones. Estoy asumiendo que se permite el margen en este caso con un 100 % del capital usándose en acciones y alrededor de un 20-25 % usándose en forma de margen para las posiciones de los futuros. Me estoy tomado una libertad con el estudio sencillo mediante el reequilibrado, y no se incluyen los costes de los intereses sobre el margen. Aquí tenemos el resumen gráfico:

Puedes ver que hacer trabajar al dinero el doble de duro fue beneficioso, pero la idea más importante es que la superposición fue más estable que el índice S&P 500. Más beneficio y estabilidad es exactamente aquello por lo que se esfuerza este trader todoterreno.

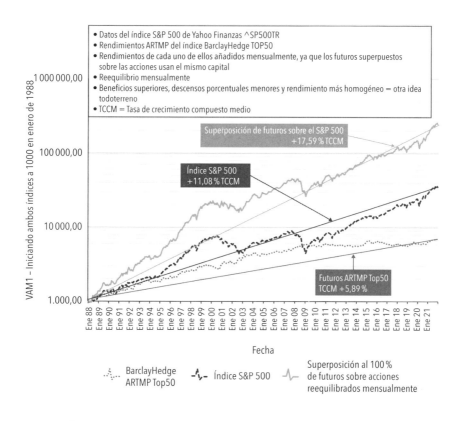

GRÁFICA 23 Ejemplo de una superposición de futuros sobre acciones.

CAPÍTULO 8

Mercados laterales: ¿qué pasa si los mercados no van a ningún sitio?

En capítulos anteriores he lanzado ideas para el trading usando distintos mercados, períodos de tiempo y estrategias. Sin embargo, todo lo que he mencionado tendería a rendir mejor cuando los mercados ascendiesen o descendiesen. El reto para el trader todoterreno consiste ahora en lo que haría en un mercado lateral. Si, matemáticamente, debes comprar barato y vender caro, o vender caro y comprar barato, para poder generar un beneficio, en los mercados laterales sufrirás. Los traders necesitan movimiento del mercado para generar unos beneficios razonables.

En este capítulo te proporcionaré algunas ideas que he usado para mercados que están atascados moviéndose lateralmente durante algún tiempo.

Los períodos laterales pueden generar descensos

Si te fijas en una gráfica de desempeño del trading típico de futuros o de la estrategia de temporización de FCB, te encontrarás con que la mayoría de los períodos de descenso son provocados por acciones de los precios que generan muchas compras y ventas, la mayoría de ellas con pequeñas pérdidas. Las operaciones simplemente no van nunca en tu favor lo suficiente como para conseguir rentabilidad.

GRÁFICA 24   Ejemplo de una superposición de futuros sobre acciones.

El seguimiento de tendencias compra cuando la tendencia se mueve hacia arriba y vende cuando los movimientos de precio se desplazan hacia abajo. En los mercados laterales esto puede dar lugar a vaivenes en los que el trader acabe comprando y vendiendo, normalmente con unas menores pérdidas, múltiples veces seguidas. Si se dan suficientes de estos casos en suficientes mercados, sufrirás un pequeño descenso que supondrá un freno mental.

Asumí una sencilla estrategia de temporización y la tracé a continuación usando el índice S&P 500 temporizado con un indicador híbrido de una media móvil de diez y de cuarenta días. Puedes ver donde lo marqué que estas estrategias sufrirán cuando el instrumento con el que se opere cambie mucho de dirección o se desplace básicamente de forma lateral con su movimiento de precio.

Ruido en los mercados

En un capítulo anterior mostramos que las acciones han pasado aproximadamente un 60 % del tiempo moviéndose lateralmente a lo largo de los últimos 58 años. Eso significa que más de la mitad del tiempo que pasas en el mercado de valores, no vas a ningún sitio. Durante estos períodos, las estrategias de temporización tienden a tener un desempeño variable. Una vez más, si no hay un gran movimiento de precios, es difícil comprar barato y vender caro de una forma que produzca unos grandes beneficios.

Sin embargo, siempre habrá períodos en los que el mercado suba, se acerque a nuevos máximos y tenga sobrecompra, sólo para quedarse sin fuerza y volver a caer en el ruido lateral. Por otro lado, hay ocasiones en las que te encuentras en el ruido y los precios se vuelven alarmantemente débiles y los traders empiezan a pensar que el mercado va a sufrir otra caída sólo para ver cómo encuentra su base y asciende para regresar al ruido.

Estos vaivenes menores desde la sobrecompra a la sobreventa pueden medirse mediante distintos indicadores. Los osciladores son la mejor herramienta para este objetivo: valoran dónde se encuentra el mercado en este preciso momento en comparación con dónde se ha encontrado en los últimos «X» períodos, normalizado entre 0 y 100. Un valor de 100 equivaldría a una sobrecompra extremada y advertiría del potencial de un rebote en sentido descendente. El valor opuesto, de 0, sería el de una gran sobreventa, y advertiría de un posible rebote en sentido ascendente. Agrega tu motor de compra/venta favorito usando un período de tiempo más corto y tendrás una estrategia que podría generar algunos beneficios decentes cuando los precios estén, en general, desplazándose lateralmente.

En la gráfica 25 he tomado una representación de seis meses del contrato continuo de futuros del yen japonés. Como indicador de sobrecompra/sobreventa usé el RSI (índice de fuerza relativa o *relative strength index*) estocástico, un oscilador popular. Usé un período de veintiún días (alrededor de un mes de días de trading) para medir el estado. Un sencillo desencadenante de compra/venta como superar el precio extremo del día anterior en la dirección de la advertencia y el cierre forzado de las posiciones usando un modelo de seguimiento de tendencias a muy corto plazo debería proporcionarte la oportunidad de entrar en cambios a corto plazo y de recoger pequeños beneficios en esos períodos laterales.

En ocasiones serás afortunado y entrarás en un desplazamiento más largo que se convierta en el próximo gran movimiento. Entrarás pronto en este movimiento. La fiabilidad de estas estrategias llegará a algún punto por encima del 50 %, y el beneficio medio se aproximará a la pérdida media. Yo no querría operar con este tipo de estrategia por sí sola. Durante los movimientos alcistas o bajistas fuertes, las operaciones perdedoras llegarán en un flujo constante, poniendo tu paciencia a prueba. Sin embargo, durante esos períodos, normalmente desbarato eso con mis modelos de seguimiento de tendencias, por lo que desisto un poco de los grandes movimientos para disponer de algunas estrategias que pueden mantener la cartera estable durante esos períodos en los que sé que mis modelos de seguimiento de tendencias sufrirán. Todo consiste en homogeneizar esa curva de capital y ser capaz de gestionar todo tipo de condiciones en el mercado.

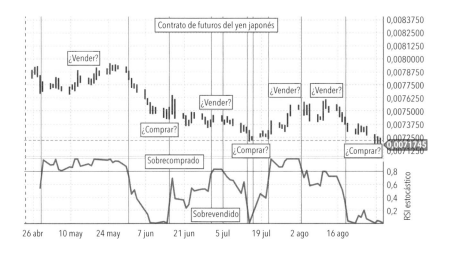

GRÁFICA 25 Condiciones de sobrecompra/sobreventa usando un oscilador.

Margen de opciones

Tan pronto como los inversores empiezan a hablar de opciones, me pongo en guardia. He encontrado que los datos sobre las opciones incompletos y las estrategias de inversión son menos automatizables, por lo que durante la mayor parte de mi vida en el trading me he mantenido alejado. No estoy interesado en el alfabeto griego y no estoy tan en sintonía con las deltas y las gammas como quizás debería estarlo.

Sin embargo, en el último par de años he dado con una forma sencilla de usar las opciones que parece cosechar algunos beneficios cuando el mercado de valores no parece ir a ningún lugar. En un capítulo anterior he presentado el estudio del tiempo pasado en mercados ascendentes, descendentes y laterales. Como sé que mi seguimiento de tendencias sufrirá para obtener grandes beneficios en los mercados laterales y que estos períodos se dan el 60 % del tiempo, parece lógico que, si se me pudiera ocurrir un sencillo enfoque de riesgo limitado para obtener beneficios durante esos períodos, estabilizaría la cartera en su conjunto.

Y he conseguido exactamente eso. Aquí tenemos lo que hago. Hago que un oscilador mida si el mercado está sobrecomprado o sobrevendido. Uso el RSI estocástico, pero la mayoría de ellos podría funcionar de una forma similar. Escoge tu favorito. Entonces, cuando el mercado está sobrecomprado, vendo una opción de venta a crédito *(credit call spread)* en el índice de acciones a entre seis y ocho días vista. Como es un margen de «crédito», se me paga por la posición cuando la implemento. Si el mercado se desplaza lateralmente de verdad, a lo largo de los siguientes «X» días hasta el vencimiento, conservo el crédito recibido. Si el índice de acciones va cuatro o cinco puntos en mi contra, pierdo una cantidad predefinida de dinero. Si se mueve a mi favor, el crédito va hacia un valor de cero incluso más rápidamente, y a veces lo cierro por un precio irrisorio e implemento otro margen de crédito si el oscilador señala un estado de sobrecompra o sobreventa.

Estrategia de opciones	Configuración de la operación	Orden de ejercicio de opción	Riesgo/ recompensa de la estrategia	Condiciones rentables
Opción de compra con margen alcista *(bull put spread)*	Vender a precio acordado *(sell put)*/ Comprar a precio acordado *(buy put)*	Vender más alto / Comprar más bajo	Pérdida limitada/ Beneficio limitado	Neutras, alcistas, moderadamente bajistas
Opción de venta con margen bajista *(bear call spread)*	Vender derechos *(sell call)*/ Comprar derechos *(buy call)*	Vender más bajo / Comprar más alto	Pérdida limitada/ Beneficio limitado	Neutras, bajistas, moderadamente alcistas

GRÁFICA 26 Resumen de márgenes alcistas y bajistas. Fuente: Investopedia.

Aquí tenemos un perfil de operación de lo que sucede a distintos precios asumiendo que inicies el margen de crédito hacia el lado ascendente en una condición de sobreventa. El índice resulta estar a 425, por lo que vendo una opción de venta a 425 y compro una opción de venta a 420. Fíjate en que los beneficios *y* las pérdidas se ven limitados con esta estrategia. Al contrario que el seguimiento de tendencias, en el que tendrías una fiabilidad inferior al 40 % y una relación entre los beneficios medios y las pérdidas medias desequilibrado, con esta estrategia aspiras a una fiabilidad por encima del 50 % y a algo más parecido a una relación entre los beneficios medios y las pérdidas medias de 1:1.

Precio del FCB SPY	Precio de la opción de venta a 425	Precio de la opción de compra a 420	Coste total ($)	Final ($)	Neto ($)
426	0	0	-2,78	+0,00	+2,78
425	0	0	-2,78	+0,00	+2,78
424	1	0	-2,78	+1,00	+1,78
423	2	0	-2,78	+2,00	+0,78
422	3	0	-2,78	+3,00	-0,22
421	4	0	-2,78	+4,00	-1,22
420	5	0	-2,78	+5,00	-2,22
419	6	1	-2,78	+6,00	-2,22

GRÁFICA 27   Resumen de varios resultados para un ejemplo de margen de crédito.

Es una estrategia sencilla que me lleva unos pocos minutos una o dos veces por semana como máximo. Ha tenido una fiabilidad bastante alta en cuanto a la relación entre operaciones ganadoras y perdedoras. Generalmente cosecha beneficios cuando sé que mis otras estrategias van a sufrir. Ésa es la razón por la cual es una estrategia perfecta para una cartera de inversión todoterreno.

Reversión a la media

Ésta es una estrategia que muchos traders usan para los mercados laterales. Yo no uso ninguna verdadera reversión a la media porque puede requerir de mucho tiempo, pero puedo añadirla según lo permita la automatización. La esencia de este tipo de estrategia es que los mercados, especialmente cuando se mueven lateralmente, se encuentran en modo de trading dentro de rangos. Esto permite a los traders comprar en la parte inferior del rango y vender en la parte superior de éste. Pese a que no las uso en la actualidad, estas estrategias pueden ser útiles para minimizar las pérdidas provocadas por las típicas estrategias de seguimiento de tendencias.

Dando todo el crédito a mi amigo Laurens Bensdorp, de la Trading Mastery School, aquí tenemos un sencillo ejemplo de cómo puedes desarrollar una estrategia de reversión a la media. Se ocupa de esto en mayor detalle en su libro superventas *Sistemas automatizados de* **trading***: un enfoque sistemático para que los traders ganen dinero en mercados alcistas, bajistas y laterales*, uno de los mejores libros prácticos de fácil lectura que he leído nunca sobre el trading con múltiples sistemas.

Objetivo: Comprar acciones en una tendencia alcista, tener una liquidación de activos importante, comprar y ver cómo regresan a su precio medio o normal.

Convicción: Estás asumiendo que las acciones que han estado fuertes en el pasado se han tomado un respiro y que continuarán con esa tendencia alcista.

Universo del trading: Todas las acciones negociadas en la bolsa de Nueva York, el American Stock Exchange (AMEX) y el NASDAQ. Es importante comprender que esta sería una estrategia de baja expectativa, por lo que es necesario un universo de trading grande, de modo que obtengas una frecuencia de trading suficiente para llegar a buen puerto con el proceso.

Filtro:
- Volumen medio diario a lo largo de los últimos 50 días de por lo menos 500 000 acciones, de modo que el valor tenga suficiente liquidez.
- Un volumen monetario medio de por lo menos 2,5 millones de dólares a lo largo de los últimos 50 días de trading, que es otra medida de la liquidez.

- Un rango verdadero promedio *(Average True Range* o ATR) superior al 4 %. Querrás tener unas acciones que se muevan ágilmente, de modo que puedas regresar a la media rápidamente y tomar tu beneficio, si es que se produjera.

Configuración:
- Cierre por encima de la media móvil simple de 100 días más un rango verdadero promedio de los últimos 10 días. Esto mide una tendencia alcista significativa de las acciones.
- El índice de movimiento direccional promedio *(average directional movement index* o ADX) de 7 días (mide la fuerza del movimiento). Las definiciones matemáticas en muchas plataformas de inversión (o en Investopedia.com) superiores a 55 muestran una fuerza de movimiento mejor que la media.

Clasificación: ADX de 7 días de superior a inferior, de modo que te centres en las acciones que muestren la mayor fuerza de acuerdo con su medición con el indicador ADX.

Entrada: Compra un 3 % por debajo del cierre anterior. El trader está intentando «robar» estas buenas acciones a un precio incluso mejor y esperando que encuentren su punto de apoyo y que asciendan rápidamente de vuelta a la media.

Stop loss: Tres rangos verdaderos promedio de los últimos 10 días por debajo del precio de ejercicio. Son unas acciones volátiles y debemos darles espacio para que inicien el proceso de reversión.

Toma de beneficios:
- Un rango verdadero promedio de los últimos 10 días, o
- Basado en el tiempo: Después de 6 días, si no te ves echado por un *stop loss* ni consigues beneficios, sal al día siguiente a la apertura del mercado. Claramente, llegados este punto la operación no está funcionado a tu favor.

He copiado la estrategia exacta de Laurens descrita en su libro a modo de ejemplo. Hay miles de formas de ensamblar una estrategia de reversión a la media, pero quería mostrarte ésta, ya que incluye todos los aspectos básicos de una estrategia sensata.

Trading en contra de la tendencia

Personalmente encuentro difícil llevar a cabo operaciones con una reversión a la media «pura». Me siento personalmente incómodo poniendo una orden limitada en un extremo del mercado, limitando mis pérdidas hasta un punto arbitrario que los precios todavía no hayan alcanzado y básicamente apostando a que el mercado dará la vuelta y revertirá a la media. A veces lo hace y a veces no, especialmente en mercados ascendentes o descendentes muy sólidos. Odio tener que predecir qué hará el mercado, y la reversión a la media tiene algo de predicción asociada a ella.

El trading en contra de la tendencia es una especie de familiar de la reversión a la media. Tiene muchos de los atributos de la reversión a la media:

1. Busca sacar provecho de las reversiones muy cortas contra la tendencia a largo plazo.
2. Tiene unos puntos específicos de compra/venta para entrar en la posición y limitar el riesgo.
3. Usa las condiciones sobrecompradas y sobrevendidas para configurar las operaciones.
4. No le va a ir muy bien si la tendencia a largo plazo es fuerte y continúa.

Entremos en lo que considero que es el trading en contra de la tendencia. Me fijo en las condiciones de sobrecompra/sobreventa y configuro la operación en la dirección opuesta. Si las condiciones en el oscilador que sea que use indican que el mercado está sobrevendido después de caer de forma importante, querré comprar. Entonces uso un motor de compra/venta extremadamente corto para desencadenar una operación de seguimiento de tendencia en sentido ascendente. Coloco mi *stop* en los indicadores en la dirección opuesta.

Los períodos de tiempo son distintos de los de mis modelos de temporización del seguimiento de tendencias a largo plazo. Al intentar captar tendencias a muy largo plazo en algo como mi temporización de los FCB sectoriales, uso cincuenta días para mis *stops* de venta y veintiún días para mis *stops* de compra. En el trading contra la tendencia, optaría por algo entre uno y tres días, dependiendo de si se trata del mercado de futuros o del de valores. Puedes ajustarlo en el punto en el que desees, pero la idea importante es hacer que el período de tiempo sea mucho más corto que con los modelos de seguimiento de tendencias a más largo plazo que puedas tener en tu cartera. Querrás recoger beneficios en los mercados laterales, así que las operaciones van a ser más cortas, las ratios de beneficios-pérdidas más pequeñas y las operaciones mucho más frecuentes.

Como la ratio de beneficios-pérdidas de los modelos que van contra las tendencias es menor que en el caso de los modelos de seguimiento de tendencias a largo plazo, esperarás un mayor porcentaje de fiabilidad beneficios/pérdidas en las operaciones. Deberías esforzarte por alcanzar más de un 50 % en este tipo de estrategias, pero unos beneficios inferiores en las operaciones positivas. Un truco que he aprendido consiste en adoptar una posición normal, y luego liquidar la mitad de esta posición cuando el beneficio sea igual al riesgo en la operación. De esta forma, esa operación se convierte rápidamente en una de bajo riesgo, y se puede permitir que la posición restante se ejecute como una típica de seguimiento de tendencia, pese a que probablemente lo será durante un período de tiempo más corto.

Hay varias cosas que puedes captar al observar las características en estas tendencias. En primer lugar, recordemos que se usó exactamente la misma cartera en el caso de las estrategias a largo y a corto plazo. Ten también presente que el mismo paquete de tres indicadores de los canales de Donchian, el canal de Keltner y las bandas de Bollinger se usó en ambos casos. Normalmente, en el mundo real, puede que mezcle los indicadores un poco para diversificar según el indicador, pero en estos casos no lo hice, para así mostrar algunos conceptos sencillos. El número de operaciones en la simulación a corto plazo se dispara, con 19 750 operaciones a lo largo del período. Eso supondría mucho trabajo como para seguirle el ritmo y probablemente no sea muy fácil para muchos traders, pero quería mostrarte cómo incorporar algo como esta estrategia diferente a corto plazo puede proporcionar algo de diversificación a las estrategias de más largo plazo.

SimTrader

- Período medido: desde el 1 de enero de 2010 hasta el 1 de junio de 2022 (12,41 años)
- Especificaciones de la estrategia a corto plazo:
  - 10 000 000 de dólares, 0,1 % del riego inicial del capital invertido en cada operación, 0,2 % del riesgo continuo del capital invertido para las posiciones existentes
  - Paquete de temporización de tres indicadores, 3 días
- Especificaciones de la estrategia a largo plazo:
  - 10 000 000 de dólares, 0,5 % del riesgo inicial del capital y un 0,2 % de la volatilidad inicial del capital invertidos en cada operación, límites del 1,0 % de riesgo y el 0,5 % de volatilidad en las operaciones en curso; riesgo máximo de la cartera del 15 %, volatilidad máxima de la cartera del 7 %
  - Paquete de temporización de tres indicadores, 21 días
- Estrategias combinadas:
  - 100 % del capital dirigido para ambas estrategias, reequilibrado continuamente

Estadística	Resultado a corto plazo	Resultado a largo plazo	Resultado combinado
Tasa de crecimiento compuesto medio (TCCM %)	15,121	3,467	18,954
Ratio de Sharpe	1,563	0,343	1,187
Ratio de Sortino	2,360	0,556	2,000
Beneficio con el descenso medio	8,730	0,700	4,835
Beneficio con el descenso máximo (ratio MAR)	1,102	0,083	0,520
Descenso máximo (%)	-13,720	-41,770	-36,462
Número total de operaciones (12,41 años)	19 750	3188	9184
Operaciones ganadoras	7046	1114	6212
Operaciones perdedoras	12 474	2055	5806
% de victorias	36,096	35,153	35,618
Factor de beneficio (beneficio con las operaciones ganadoras/pérdidas con las operaciones perdedoras)	1,12	1,07	1,10
Beneficios totales	48 069 000 dólares	5 028 000 dólares	76 069 000 dólares
Sumar las dos estrategias juntas como programas distintos =			53 097 000 dólares
Beneficios de reequilibrar dinámicamente las estrategias juntas =			22 972 000 dólares

GRÁFICA 28   Temporización a corto plazo extremado de 26 mercados de futuros líquidos y temporización a largo plazo combinadas.

93

La mezcla dinámica de múltiples estrategias juntas generalmente dará como resultado un mejor beneficio que el ejecutar estrategias por su cuenta con su propio capital. En esencia, lo que sucede es que cada estrategia obtiene el beneficio de más capital cuando están sufriendo y acaba consiguiendo menos cuando otras estrategias de la cartera de inversión están teniendo dificultades. Esto homogeneiza los beneficios procedentes de cada estrategia y permite que la cartera total produzca más beneficios.

La estrategia a más largo plazo no dispuso realmente un excelente período para alcanzar unos rendimientos muy altos, pero tuvo muchas menos operaciones. La fiabilidad porcentual de estos dos modelos se encontraba por debajo del 50 %, como era de esperar con los típicos modelos de seguimiento de tendencias. Combinar las dos estrategias mejoró algunas relaciones rendimiento-riesgo y redujo el descenso general mientras incrementaba ligeramente los rendimientos. El número de operaciones se redujo porque en muchas ocasiones ambas estrategias podrían estar en el mismo mercado en direcciones opuestas, invalidando la posición. La plataforma de simulación asumiría, correctamente, que no había una operación que ejecutar.

Podría ejecutar incluso más estrategias juntas y obtener beneficios continuos con respecto a las estadísticas. Ésa es la razón por la cual actualmente ejecuto nueve estrategias usando posiciones 40-70 en FCB, futuros y opciones a lo largo de cuatro períodos de tiempo distintos y múltiples indicadores. Cada estrategia adicional incrementa el trabajo, pero mantiene mi parte mental centrada en ejecutar las estrategias y no emocionarme con una operación o una estrategia. Obtengo una mejor relación rendimiento-riesgo, un menor potencial de descenso, una mayor constancia y la capacidad de estar tranquilo.

CAPÍTULO 9

Llenar los «baches»

A Laurens Bensdorp, un amigo y trader experimentado mencionado en el anterior capítulo, le gusta añadir más estrategias a la mezcla para «llenar los baches» en tu curva de capital. Me encanta esta analogía, porque es muy fácil de visualizar lo que estás intentando hacer. Añadir estrategias no correlacionadas y mercados y períodos de tiempo adicionales que es probable que generen un beneficio cuando tus estrategias existentes estén sufriendo te ayudará a llenar los baches. A continuación tenemos una gráfica a modo de ejemplo de cierto «llenado de baches» de modo que dispongas de una muestra visual de este concepto.

Las zonas sombreadas son los momentos en los que los traders se encontrarán más incómodos y es probable que abandonen sus planes bien trazados. Nuestro objetivo al intentar llenar los «baches» consiste en crear estrategias que es más probable que generen potencial para el beneficio en esos períodos de tiempo y en ese tipo de acción del mercado.

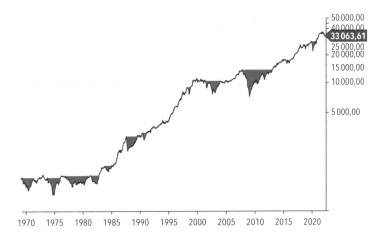

GRÁFICA 29 Llenar los «baches».

Algunos ejemplos sencillos del «llenar los baches»

Digamos que empiezas con una simple estrategia a largo plazo que sólo sigue las tendencias a largo en FCB con una base amplia. Ejecutas algunas simulaciones y, para sorpresa de nadie, la estrategia parece producir unos beneficios agradables durante los movimientos ascendentes en el mercado de valores general, sigue conservando el capital durante largos períodos durante los grandes mercados bajistas, y tiene unas bajadas importantes durante las transiciones desde el descenso al ascenso y durante los mercados laterales.

¿Qué sucede si añadimos un seguimiento a más corto plazo de las tendencias a largo/a corto en un contrato de futuros de un índice bursátil? Cada vez que adopta una posición a corto, la cartera total se ve cubierta, y el potencial de pérdidas se ve minimizado. En los períodos laterales, las operaciones a largo y a corto pueden recoger algunos beneficios a corto plazo para compensar parte del descenso en el potencial de la estrategia a muy largo plazo debido a los vaivenes costosos. Lo que has hecho es comprender cuándo, dónde y cómo una estrategia sufrirá y por qué otra estrategia puede aprovechar parte de la inactividad.

¿Qué sucede si sólo te centras en acciones tecnológicas? Cuando el NASDAQ, que incluye a muchas de estas compañías, entra en un descenso, esperarás perder dinero con la cartera. ¿Entonces, qué tal si añades una cartera diversificada de contratos de futuros que no incluya ninguna posición relacionada con acciones? La diversificación extrema permite que esa nueva parte de la cartera produzca, potencialmente, beneficios para compensar parte de las debilidades en tu cartera de acciones tecnológicas.

En otro ejemplo, dispones de una estrategia que ejecutar cada día. Eres un experto en la venta de primas de opciones en ambas direcciones en el mercado de valores: la ascendente y la descendente. ¿Dónde se encuentran tus riesgos aquí? Bueno, si vendes una opción de compra por su prima y el mercado despega hacia el sentido ascendente, tendrás, potencialmente, un riesgo de pérdida considerable. ¿Qué podrías hacer para generar un pensamiento más todoterreno en ese caso? Quizás fijarte en una estrategia más a corto plazo en posiciones similares, de modo que en mercados alcistas o bajistas desenfrenados logres un gran beneficio con el seguimiento de tendencias para compensar el golpe que estás sufriendo al vender opciones. Al recoger primas de las opciones le debería ir muy bien durante los períodos laterales, de modo que las dos estrategias serán sinérgicas, ayudando a estabilizar tus resultados generales y generando un efecto todoterreno.

Un ejemplo procedente de mi propia cartera

Tomé varias de mis propias estrategias que había improvisado a lo largo de los años, y te ahorraré los detalles de cada una de ellas, ya que algunas ya las he mencionado. El nombre que le he dado a cada estrategia debería ser suficiente para darte una idea de, en general, con qué está operando y en qué está intentando centrarse ese enfoque en su parte en la cartera total. Usaré 10 millones de dólares como capital inicial en cada ejecución para asegurarme de que el capital no esté impidiendo la entrada a algunas de las estrategias o las posiciones a lo largo del camino. Esto hace que las simulaciones sean menos dependientes del capital y proporciona una mejor visión del potencial de cada estrategia. La lista de estrategias para este ejemplo es:

- Temporización de FCB sectoriales: Treinta FCB sectoriales, seguimiento de tendencias a largo plazo.
- Cobertura de futuros ES: Cobertura sólo a corto para la exposición a largo de la temporización de FCB sectoriales.
- Temporización de futuros diversificados: Veintiséis mercados, seguimiento de tendencias a largo plazo.
- Temporización de futuros: Posiciones largas/cortas usando modelos de seguimiento de tendencias a corto plazo.
- Contratendencia de futuros: Seguimiento de tendencias a largo/a corto a un plazo extremadamente corto.
- Temporización de futuros de criptomonedas: Posiciones a largo/a corto en BTC (Bitcoin)/ETH (Ethereum) usando el seguimiento de tendencias a corto plazo.

Letra de asignación a la estrategia	A	B	C
Nombre de la estadística de simulación	**Temporización de FCB sectoriales 100%**	**Cobertura de futuros ES 100%**	**Estrategias combinadas % 50/25**
Tasa de crecimiento compuesto medio (TCCM%)	+18,126	-0,627	+9,610
Ratio de Sharpe	0,872	0,606	0,489
Ratio de Sortino	1,150	0,884	1,116
Ratio MAR (Beneficio/descenso máximo)	0,467	0,066	0,451
Descenso medio (%)	-4,527	-2,765	-2,411
Descenso máximo (%)	-38,830	-9,753	-21,311
Tiempo máximo pasado en un descenso	885 días	4376 días	884 días
Número total de operaciones en 12,4 años	1048	28	1076
Número total de operaciones positivas en 12,4 años	500	9	513
Número total de operaciones negativas en 12,4 años	548	19	563
% de rentabilidad	47,710	32,143	47,677
Beneficios sobre 10 millones de dólares en 12,4 años	66 535 517 dólares	731 263 dólares	20 689 108 dólares
Factor de beneficio por operación media	1,56	0,42	1,66

GRÁFICA 30 Cobertura sectorial combinada con ES.

Puedes ver, a partir de las descripciones, que aquí están pasando muchas cosas. Esto requiere de una cierta automatización y de mucha organización de las piezas de los rompecabezas, pero aquí tenemos el premio disponible si puedes organizar tu propio trading en forma de un conjunto de estrategias más todoterreno en las tablas de las siguientes páginas. En primer lugar, pongamos como base de mi cartera la estrategia de temporización de FCB sectoriales y añadamos algo de la cobertura de futuros ES y veamos cómo afecta esto a las estadísticas de rendimiento. Recuerda que cuando combinamos estrategias debemos reducir el compromiso para con cada una de ellas, de modo que no nos quedemos sin capital.

Parece que para la protección de la parte a largo de la temporización sectorial, hemos pagado un pequeño precio en beneficios y rendimientos, y todas las relaciones beneficio-riesgo han disminuido. También hemos tenido que ejecutar algunas operaciones más. Fíjate en que he ejecutado el caso combinado con sólo un 50 % del capital dedicado a la temporización de los FCB sectoriales y sólo un 25 % del capital dedicado a la cobertura ES, y los beneficios descendieron algo debido a ese desapalancamiento. A continuación, usemos algo de diversificación extrema y añadamos una cartera de seguimiento de tendencias de futuros a más largo plazo de veintiséis mercados líquidos largos y cortos. Deberemos ajustar la asignación de porcentajes a cada una de las estrategias, de modo que podamos distribuir el capital a lo largo de estrategias adicionales. Los resultados se muestran en la gráfica.

Date cuenta de que las combinaciones están mejorando parte de las cifras de la relación rendimiento-riesgo, reduciendo las bajadas, mejorando los rendimientos e incrementando los beneficios. El número de operaciones sigue aumentando, como era de esperar, ya que estamos añadiendo mercados y estrategias adicionales.

SimTrader

Letra de asignación a la estrategia	C	D	E
Nombre de la estadística de simulación	Estrategias combinadas % 50/25	Temporización de futuros diversificados 100 %	Estrategias combinadas % 50/25/50
Tasa de crecimiento compuesto medio (TCCM %)	+9,610	-11,337	+15,551
Ratio de Sharpe	0,849	0,861	1,162
Ratio de Sortino	1,116	1,430	1,656
Ratio MAR (Beneficio/descenso máximo)	0,451	0,588	0,804
Descenso medio (%)	-2,411	-4,343	-3,074
Descenso máximo (%)	-21,311	-19,274	-19,348
Tiempo máximo pasado en un descenso	884 días	884 días	413 días
Número total de operaciones en 12,4 años	1076	7202	8278
Número total de operaciones positivas en 12,4 años	513	2596	3114
Número total de operaciones negativas en 12,4 años	563	4504	5062
% de rentabilidad	47,677	36,563	38,067
Beneficios sobre 10 millones de dólares en 12,4 años	20 869 108 dólares	26 956 176 dólares	49 338 262 dólares
Factor de beneficio por operación media	1,66	1,11	1,23

GRÁFICA 31 Añadiendo la temporización de futuros diversificados.

Añadamos a la mezcla mi temporización NQ a corto plazo (9 días), que ayuda a aprovechar los rendimientos ascendentes cuando los mercados están subiendo y ayuda a proporcionar algo de cobertura temprana en los movimientos descendentes. Esta estrategia intenta recoger beneficios de movimientos a más corto plazo en el mercado de valores. Los resultados se muestran en la gráfica 32.

Letra de asignación a la estrategia	E	F	G
Nombre de la estadística de simulación	**Estrategias combinadas % 50/25/50**	**Temporización del índice NQ ST del 100 %**	**Estrategias combinadas % 50/25/50/25**
Tasa de crecimiento compuesto medio (TCCM %)	+15,551	+0,186	+15,693
Ratio de Sharpe	1,162	0,023	1,162
Ratio de Sortino	1,656	0,031	1,662
Ratio MAR (Beneficio / descenso máximo)	0,804	0,008	0,799
Descenso medio (%)	-3,074	-1,784	-3,132
Descenso máximo (%)	-19,348	-23,852	-19,642
Tiempo máximo pasado en un descenso	413 días	3689 días	507 días
Número total de operaciones en 12,4 años	8278	262	8512
Número total de operaciones positivas en 12,4 años	3114	91	3196
Número total de operaciones negativas en 12,4 años	5062	171	5214
% de rentabilidad	38,087	34,733	38,002
Beneficios sobre 10 millones de dólares en 12,4 años	49 338 262 dólares	232 685 dólares	50 247 881 dólares
Factor de beneficio por operación media	1,23	1,03	1,23

GRÁFICA 32   Añadiendo la temporización de futuros NQ a corto plazo.

Con esta adición, la cartera de inversión combinada ha hecho pocos avances en la mayoría de las mediciones a lo largo del período de tiempo de esta simulación. Pese a ello, con la adición de la estrategia extra, hemos proporcionado a la cartera una mayor capacidad de lidiar con unas condiciones variadas del mercado, por lo que esperaría sobrevivir y prosperar en más tipos de mercados. Mi valoración es mantenerla en la mezcla para ayudar a llenar los «baches» futuros.

A continuación, añadamos algo de trading de futuros orientados a tres días, a muy corto plazo, a la misma cartera que hemos usado en el caso D retrocediendo un par de páginas. Los resultados se muestran en la gráfica 33.

SimTrader

Letra de asignación a la estrategia	G	H	I
Nombre de la estadística de simulación	Estrategias combinadas % 50/25/50/25	Futuros ST a 3 días 100 %	Estrategias combinadas % 50/25/50/25/50
Tasa de crecimiento compuesto medio (TCCM %)	+15,693	+15,121	+24,858
Ratio de Sharpe	1,162	1,563	1,591
Ratio de Sortino	1,652	2,360	2,408
Ratio MAR (Beneficio/descenso máximo)	0,799	1,102	1,134
Descenso medio (%)	-3,132	-1,732	-3,127
Descenso máximo (%)	-19,642	-13,723	-21,923
Tiempo máximo pasado en un descenso	507 días	681 días	490 días
Número total de operaciones en 12,4 años	8512	19750	11702
Número total de operaciones positivas en 12,4 años	3196	7046	4351
Número total de operaciones negativas en 12,4 años	5214	12474	7218
% de rentabilidad	38,002	36,096	37,609
Beneficios sobre 10 millones de dólares en 12,4 años	50 247 881 dólares	48 069 112 dólares	145 766 893 dólares
Factor de beneficio por operación media	1,23	1,12	1,17

GRÁFICA 33 Añadiendo la temporización de futuros a corto plazo.

Añadir el programa de futuros a muy corto plazo ayudó bastante a la causa. Las cifras de la estrategia por sí sola eran decentes, y la diversificación que añadió a las otras cuatro estrategias en las que nos habíamos fijado hasta el momento era excelente. Cada estadística se vio mejorada con unos mayores beneficios, unas mediciones de relaciones rendimiento-riego mejores y menos tiempo pasado en el descenso máximo.

Ahora añadiremos la última estrategia. Cuando aparecieron las criptomonedas, fui lento a la hora de operar con ellas directamente, pero el Chicago Mercantile Exchange (CME) creó futuros de criptomonedas. Como estoy muy familiarizado con el trading de futuros, ése fue un mercado más fácil de añadir a la cartera general. Usé el mismo enfoque de seguimiento a más corto plazo de nueve días para los futuros de criptomonedas que usaba para la temporización NQ (índice Nasdaq 100 EMini) y lo añadí a la mezcla. Los resultados se muestran en la gráfica 34.

Sim Trader

Letra de asignación a la estrategia	I	J	K
Nombre de la estadística de simulación	Estrategias combinadas % 50/25/50/25/50	Futuros de criptomonedas a corto plazo 100 %	6 estrategias combinadas % 50/25/50/25/50/50
Tasa de crecimiento compuesto medio (TCCM %)	+24,858	+0,712	+25,751
Ratio de Sharpe	1,591	1,493	1,637
Ratio de Sortino	2,408	2,328	2,482
Ratio MAR (Beneficio/descenso máximo)	1,134	0,256	1,175
Descenso medio (%)	-3,127	-0,720	-3,086
Descenso máximo (%)	-21,923	-2,785	-21,923
Tiempo máximo pasado en un descenso	490 días	88 días	490 días
Número total de operaciones en 12,4 años	11 702	14	11 717
Número total de operaciones positivas en 12,4 años	4351	8	4357
Número total de operaciones negativas en 12,4 años	7218	6	7226
% de rentabilidad	37,609	57,143	37,615
Beneficios sobre 10 millones de dólares en 12,4 años	145 766 893 dólares	915 981 dólares	160 172 252 dólares
Factor de beneficio por operación media	1,17	3,13	1,18

GRÁFICA 34 Añadiendo la temporización de futuros de criptomonedas.

Hemos llegado a una combinación de seis de las mismas estrategias que uso actualmente en mi propia cartera. Date cuenta de que estamos usando un 250 % del capital de la cuenta. Podemos hacerlo porque muchas de las estrategias de futuros usan sólo una fracción del capital para el margen. Por cada 100 000 dólares de capital, puedo estar consiguiendo algunos miles de dólares de márgenes necesarios. Estoy superponiendo seguridad y futuros juntos en una cartera, generando eficiencias en el uso del dinero.

Estas estrategias están sujetas al cambio cuando se me ocurre una nueva idea buena, pero quería proporcionarte una sensación del progreso en mi pensamiento y cómo decidí diversificar la cartera total por estrategia, por mercado y por período de tiempo. Cada estadística mejoró al final con respecto al inicio con el escenario base de una sencilla temporización de FCB sectoriales. Obtuvimos más rendimientos, una mejor relación rendimiento-riesgo, unos descensos menores y menos duraderos, y más beneficios. La única cosa negativa en mi jubilación es tener que hacer más operaciones para llegar ahí, pero si puedo disponer de una combinación de estrategias, mercados y períodos de tiempo que puedan aproximarse a la cifra que se da en el caso K, llevaré a cabo el trabajo extra necesario. Fíjate dónde empezamos y dónde hemos acabado.

Aquéllos de vosotros que estéis leyendo este libro con una calculadora, quizás os deis cuenta de que, si sumáis algunos casos uniéndolos, puede que no den una suma total perfecta. El simulador que usé dinámicamente reequilibraba cosas como el capital entre las estrategias cada día de la simulación. Una estrategia que podría encontrarse en una racha perdedora podría invertir en una posición más larga debido a la obtención de su cuota normal de dinero de beneficios procedentes de otras estrategias. Generalmente, te darás cuenta de que, si sumas aritméticamente las distintas estrategias, no llegarán cerca de los resultados finales de la cartera reequilibrada dinámicamente. Mediante la homogeneización de la trayectoria, el interés compuesto de los rendimientos y el apalancamiento del dinero usado, la combinación reequilibrada dinámicamente logra un mayor progreso en muchos frentes que cualquier estrategia por sí sola.

Aquí resultan adecuados algunos descargos de responsabilidad. Las simulaciones teóricas deben tomarse con pinzas. Los datos son una parte finita de la historia. El futuro para cada mercado cambia todo el tiempo. Más ordenadores, más volumen, más participantes en el mercado, una comunicación instantánea y más mercados en los que operar significan que el futuro siempre será diferente. Sin embargo, en mi cabeza, si has escogido un destino, puedes averiguar cómo llegar hasta ahí. Es de esperar que te haya proporcionado una especie de mapa de carreteras.

No vas a conseguir unas ejecuciones perfectas en cada operación. La plataforma de simulación tuvo en cuenta adecuadamente las aperturas con brechas de precios, pero muchas irán en tu contra. Las comisiones, pese a ser muy pequeñas, o inexistentes en la actualidad, pueden añadir una pequeña carga que superar en el mundo real.

Inicié cada simulación con una cartera de 10 millones de dólares. Quería eliminar de las simulaciones cualquier posibilidad de tener una limitación para las estrategias. Con un menor capital y mediante la limitación del tamaño de las posiciones como un porcentaje del capital, sería posible que algunas operaciones abandonasen la mezcla, proporcionándote unos resultados algo granulares, dependiendo más del tamaño de la cuenta que de los conceptos que estoy describiendo. Por supuesto, casi nadie que esté leyendo este libro dispondrá de 10 millones de dólares, pero si los conceptos son sólidos, tus resultados simplemente se desviarán un poco debido a que algunas operaciones abandonaran la mezcla con un menor tamaño de cuenta.

SimTrader

Letra de asignación a la estrategia	A	K
Nombre de la estadística de simulación	Temporización de FCB sectorial 100 %	6 estrategias combinadas % 50/25/50/25/50/50
Tasa de crecimiento compuesto medio (TCCM %)	+18,126	+25,751
Ratio de Sharpe	0,872	1,637
Ratio de Sortino	1,150	2,482
Ratio MAR (Beneficio/descenso máximo)	0,467	1,175
Descenso medio (%)	-4,527	-3,086
Descenso máximo (%)	-38,830	-21,923
Tiempo máximo pasado en un descenso	885 días	490 días

Letra de asignación a la estrategia	A	K
Nombre de la estadística de simulación	**Temporización de FCB sectorial 100 %**	**6 estrategias combinadas % 50/25/50/25/50/50**
Número total de operaciones en 12,4 años	1048	11 717
Número total de operaciones positivas en 12,4 años	500	4357
Número total de operaciones negativas en 12,4 años	548	7226
% de rentabilidad	47,710	37,615
Beneficios sobre 10 millones de dólares en 12,4 años	66 535 517 dólares	160 172 252 dólares
Factor de beneficio por operación media	1,56	1,18

GRÁFICA 35   El punto inicial y el lugar en el que nos encontramos ahora.

El volumen de trading de unas 11 717 operaciones a lo largo de la simulación puede parecerle amedrentador a algunos, pero resulta ser de 944 operaciones anuales de media en un año con 250 días de trading, lo que son unas 3,78 operaciones diarias. Si dispones del tiempo o de la automatización para parte de eso o todo ello, no es tan intimidante. Yo lo hago cada día, y se vuelve bastante aburrido y mecánico al cabo de un tiempo.

¿Qué estás haciendo actualmente con tu cartera? ¿Qué tipo de acción de mercado será probable que genere riesgo y un mal desempeño? ¿Qué tipo de estrategia y qué conjunto de indicadores o de períodos de tiempo generarían probablemente un beneficio durante los mismos períodos cuando tu cartera original esté sufriendo? Entrar en esa mentalidad y responder a estas preguntas te ayudará a «llenar los baches» y convertirte en un trader todoterreno.

CAPÍTULO 10

¿Cuánto comprar o vender?

El cálculo del tamaño de la posición es más importante que tu motor de compra/venta. ¿Pero por qué prácticamente todos los traders que inician su camino en el trading pasan la mayor parte de su tiempo explorado formas de comprar y vender? El beneficio de tu negocio en cualquier operación es el precio al que vendes menos el precio al que compras *multiplicado por el tamaño de tu posición.* No tiene ningún sentido que te preocupes por la primera parte de la formula y que ignores la segunda parte. Pese a ello, muchos traders dedican poco tiempo a pensar en el cálculo del tamaño de sus operaciones.

Escribí un libro sobre este asunto: *Successful Traders Size Their Positions—Why and How?* Puedes encontrarlo en distintos lugares, incluyendo en mi página web: enjoytheride.world, y este capítulo contiene algunos de mis puntos clave.

Lo primero que viene a la mente es la extremada importancia del cálculo del tamaño de tu cartera de inversión. Dedica menos esfuerzos a analizar gráficas, indicadores y libros para intentar encontrar los mejores desencadenantes para comprar o vender instrumentos de trading. Dedica más esfuerzos a la optimización y a comprender el cálculo del tamaño de la posición.

Cuando analizas el impacto del motor de compra/venta, te das cuenta de que subirte a un gran movimiento o tendencia en un momento dado usando un indicador frente a hacerlo algunas horas más tarde usando otro indicador significa muy poco para tus beneficios si se diera un movimiento importante en tu dirección. Podría acabar suponiendo un beneficio del 60 % frente a uno del 59,8 %

con la operación. Dedicar mucho tiempo a investigar la clave para lograr la operación con el 60 % de beneficio se convierte en un ejercicio de beneficios decrecientes por tu esfuerzo. Lo importante es entrar en la tendencia en algún momento, de modo que estés posicionado con impulso.

Qué cantidad comprar o vender tiene mucho más impacto sobre tu éxito a largo plazo. Si te haces cargo de una posición excesiva incrementarás las probabilidades de destrozar tu cartera a largo plazo. Si te haces cargo de una posición demasiado pequeña no generará un rendimiento suficiente con una buena operación como para que te pague por el esfuerzo. Así pues, ¿cómo podemos encontrar un punto óptimo personal en el que las posiciones tengan un tamaño adecuado?

El capital dirige el tamaño de tus posiciones

Me parece lógico que todo en el cálculo del tamaño de la posición debería empezar con el capital en tu cuenta. En pocas palabras, si tienes una cartera más grande, necesitarás unos tamaños de posición más grandes para conseguir el efecto óptimo. Unas carteras más pequeñas necesitan unas posiciones más pequeñas.

¿Qué impulsa las reacciones emocionales ante la acción del mercado por parte de los traders? Sostengo que el riesgo de perder dinero y la volatilidad son los dos culpables más probables. El riesgo de una operación trae consigo el miedo a perder dinero real si te equivocas. La volatilidad de la posición hacia arriba y hacia abajo en cualquier período también puede captar tu atención y generar algo de angustia.

En pocas palabras, queremos calcular el tamaño de nuestras posiciones de modo que el riesgo sea razonable de acuerdo con tus propios estándares y que la volatilidad de la posición no nos haga estar en vela por las noches. Empezando por el riesgo y una medición actual de la volatilidad, se vuelve fácil determinar un nivel en el que cada trader se sienta cómodo y limite el tamaño inicial de la posición a ese nivel.

Un aspecto importante es que muchos traders controlan el riesgo decidiendo primero sobre el tamaño de su posición y su entrada y luego desplazando sus *stop loss* un punto hacia arriba o hacia abajo para generar un riego potencial en el que puedan tolerar la pérdida.

¡Esto es ingenuo!

Al mercado no le importa que sólo puedas tolerar una pérdida del 5 o del 10 %. El mercado hace lo que hace. Si el mercado está extremadamente tranquilo, quizás colocar un *stop loss* del 4 o el 5 % tenga sentido. Sin embargo, si el mercado sube y baja ente un 2 y un 3 % diario y hay noticias por doquier, colocar una orden de *stop* demasiado cerca de la acción cerrará forzadamente tus posiciones y quizás te pierdas una buena operación.

Mediante la creación de una estrategia de compra/venta que permita suficiente espacio para que el mercado haga un «movimiento» normal, y midiendo el riesgo y la volatilidad en una unidad de ese instrumento, puedes calcular el tamaño de tu posición adecuadamente independientemente de cuáles sean las condiciones del mercado. Cuanto más loco esté el mercado, menores se volverán tus posiciones automáticamente; y cuando los mercados estén tranquilos y «normales», obtendrás, automáticamente, unas posiciones mayores.

Un ejemplo sencillo del cálculo del tamaño de tu posición inicial

Creemos un ejemplo sencillo de unas acciones (XYZ) que se adquieren para una cartera de inversión de 100 000 dólares. El movimiento ascendente y descendente normal tiene a XYZ en un mercado lateral actualmente. La parte superior del rango se encuentra en los 10 dólares, y la parte inferior en los 9 dólares. Podríamos decir que por encima de los 10 dólares estamos en una tendencia alcista y por debajo de los 9 dólares en una tendencia bajista. Entre los 10 y los 9 dólares nos encontramos dentro del ruido, que ignoramos. Comprémoslas en la tendencia alcista a 10,01 dólares y coloquemos una orden de *stop loss* a 8,99 dólares. La volatilidad medida con el rango verdadero promedio a lo largo de los últimos 21 días es, actualmente, de 0,50 dólares.

Ya habríamos determinado un número de límites con los que nos sentiríamos cómodos al calcular el tamaño de todas las posiciones nuevas en la cartera de inversión. Decidimos que, con nuestra cartera, preferiríamos no tener una posición superior al 10 % de la cartera y que el riesgo procedente de cualquier posición nueva no sea de más del 1 % de nuestro capital. También decidimos que la volatilidad de la nueva posición no debería modificar nuestro capital más de un 0,5 % diario. Así pues, veamos lo fácilmente que calculamos el tamaño de la posición.

Método del riesgo:

100 000 dólares x 1 % = 1000 dólares de riesgo permitido / (10,01 dólares - 8,99 dólares) = 980,39 acciones

Redondeado a la baja al número entero más cercano de acciones = **980 acciones**

Método de la volatilidad:

100 000 dólares x 0,5 % = 500 dólares de volatilidad permitida / 0,50 dólares = **1000 acciones**

Método del porcentaje de la cartera:

100 000 dólares x 10 % = 10 000 dólares como máximo en esa posición / 10,01 dólares de precio = **999 acciones**

Como estoy buscando un tamaño de la posición que no me tenga pendiente, siempre opto por el tamaño de posición más pequeño calculado. En este ejemplo, esa cifra correspondería al método del riesgo, o **980 acciones** de XYZ.

Un ejemplo del cálculo del tamaño de una operación con futuros

Se puede aplicar el mismo proceso a una posición con futuros. Hagámoslo sencillo con la misma cartera de inversión de 100 000 dólares. El rango en los contratos de marzo de MES (microfuturos del índice S&P 500) ha estado entre 4959 y 4901 puntos, y la media de la volatilidad del rango verdadero promedio a lo largo de los últimos 21 días está moviéndose 20 puntos por día. No queremos que nuestro riesgo con la posición supere el 1 % de nuestro capital, y no queremos que el contrato de futuros MES desplace nuestra cartera más de un 0,5 % diario debido a la volatilidad.

Nuestros indicadores nos están diciendo que MES está ahora arrancando por debajo, a 4900 puntos, y nuestro *stop* se encuentra por encima del rango, en los 4960 puntos, proporcionándonos 60 puntos de riesgo en esta operación. Cada punto de riesgo en un contrato de MES vale 5 dólares. El margen necesario para vender un contrato de MES es de 1600 dólares. Así pues, veamos cómo calcular nuestro tamaño para esta operación con MES.

Método de riesgo:

100 000 dólares x 1 % = 1000 dólares de riesgo permitido / (4960-4900) x 5 dólares) = 1000 dólares / 300 dólares = 3,33 contratos

Redondeado a la baja al número entero más cercano de contratos, equivaldría a **3 contratos.**

Método de la volatilidad:

100 000 dólares x 0,5 % = 500 dólares de volatilidad permitida / (20 puntos x 5 dólares) = 500 dólares / 100 dólares = **5 contratos**

Método del porcentaje de la cartera:

100 000 x 10 % = 10 000 dólares como máximo en esa posición

Margen necesario para un contrato de MES = 1600 dólares, así que 10 000 dólares / 1600 dólares = **6,25 contratos**

Redondeado a la baja = **6 contratos**

Busco la posición más pequeña calculada para maximizar mi nivel de comodidad, por lo que aquí parece que el método ganador es el del riesgo, con **3 contratos,** y ésa es la cantidad que vendería con la ruptura.

Tu trabajo del cálculo de la posición no acaba aquí

Ahora estás en la operación. Las condiciones están cambiando cada día. Digamos que llevas tres semanas en la operación y que las cosas se han vuelto más emocionantes. Algunas noticias (p. ej. pandemias, guerras, decisiones de la OPEP, conflictos políticos) han provocado que la posición con la que estás operando se vuelva loca. Pese a que calculaste correctamente el tamaño de tu posición inicial, tu trabajo no acaba aquí. El mercado ha cambiado, por lo que debes estar encima de él y asegurarte de mantener una posición con un tamaño adecuado.

A lo largo de las décadas durante las que he realizado operaciones, me he dado cuenta de que, frecuentemente, los mercados tranquilos y no interesantes inician un movimiento sin que a nadie le importe. A medida que la tendencia continúa, más traders entran en dicha tendencia y empieza a volverse interesante. Podría aparecer en las noticias vespertinas o en los periódicos o blogs financieros. En ese escenario, el riesgo se vuelve mayor, al igual que le pasa a la volatilidad. Puede que hayas permitido que la tendencia madure y que ahora tengas rentabilidad. Por lo tanto, ¿cómo podemos mantener una exposición razonable en la operación en curso?

Operación en curso con acciones

Continuemos con el sencillo ejemplo de las acciones XYZ. Nuestra cartera hipotética ha crecido hasta los 120 000 dólares. El movimiento normal tiene a XYZ en un mercado ascendente. Las acciones valen ahora 15 dólares y el *stop* se ha desplazado hasta los 10,75 dólares, de acuerdo con nuestro motor de compra/venta. El riesgo es de 4,25 dólares, que es muy superior a cuando entramos en estas acciones. La volatilidad ha aumentado hasta los 1,25 dólares a lo largo de los últimos 21 días, medida con el RVP.

Debemos permitir más riesgo y volatilidad en una posición existente. Queremos que nuestra posición incremente el riesgo un poco, ya que nos encontramos en una posición ganadora y podemos permitirnos proporcionarle un poco más de la asignación de riesgo en la cartera, permitiendo que siga con la tendencia en nuestra dirección. Digamos que podemos tolerar que unas acciones ganadoras tengan un 2,5 % de riesgo. Seguimos sin querer que nada constituya más de un 10 % de nuestra cartera. También decidimos que la volatilidad de la nueva posición no debería modificar nuestro capital más de un 0,7 % diario. Veamos cómo calcular el tamaño de la posición en curso.

Método del riesgo:
120 000 dólares x 2,5 % = 3000 dólares de riesgo permitido / (4,25 dólares de riesgo) = 705,88 acciones
Redondeado a la baja a la cifra entera más cercana de acciones = **705 acciones**

Método de la volatilidad:
120 000 dólares x 0,7 % = 840 dólares de volatilidad permitida / 1,25 dólares = **672 acciones**
Método del porcentaje de la cartera:
120 000 dólares x 10 % = 12 000 dólares como máximo en esa posición / precio de 15,00 dólares = **800 acciones**

Siguiendo con la filosofía de que quiero la exposición más conservadora que haga el trabajo, tomaré el método de la volatilidad, con **672 acciones,** para mi posición con XYZ. Eso significa vender 980 - 672 acciones, o 308 acciones, en el mercado.

Cálculo del tamaño con futuros en curso

El control del tamaño de la posición en curso será similar a lo que acabamos de ver para el cálculo del tamaño de la posición con acciones. Usemos la misma cartera que ha subido hasta los 120 000 dólares. El movimiento de los precios de los contratos en marzo de MES (microfuturos del índice S&P 500) ha sido menor y rentable. Han caído hasta los 4750 puntos para un riesgo de 125 puntos. La media de volatilidad del RVP a lo largo de los últimos 21 días se encuentra ahora en 100 puntos por día, que es el doble que cuando entramos en la venta. No queremos que nuestro riesgo en la posición supere el 2,5 % de nuestro capital, y no queremos que el contrato de futuros MES mueva nuestra cartera más de un 0,7 % diario.

Como el margen es implementado cualquier día dado por los mercados y por el bróker con el que estás tratando, digamos que gracias a la época emocionante en el mercado MES el margen se ha incrementado hasta los 2000 dólares por cada contrato que posees. Fijémonos en cómo calcular nuestro tamaño en curso en este momento para esta operación con MES.

Método del riesgo:
120 000 dólares x 2,5 % = 3000 dólares de riesgo permitido / (125 puntos de riesgo x 5 dólares) = 3000 dólares / 625 dólares = **4,8 contratos**
Redondeado a la baja al número entero más cercano = **4 contratos**

Método de la volatilidad:
120 000 dólares x 0,7 % = 840 dólares de volatilidad permitida / (100 puntos (RVP) x 5 dólares) = 840 dólares / 500 dólares = **1,68 contratos**
Redondeado a la baja = **1 contrato**

Método del porcentaje de la cartera:
120 000 dólares x 10 % = 12 000 dólares máximos en la posición
Margen necesario para un contrato MES = 2000 dólares; así que 12 000 dólares / 2000 dólares = **6 contratos**

Una vez más, opto por la vertiente conservadora y tomaría la respuesta más pequeña, que sería la del método de la volatilidad, con **1 contrato.** Empecé con una posición de 3, así que liquidaría 2 contratos en el mercado para llevar mi distribución a mi nivel de comodidad para unas operaciones en curso rentables.

Gestionar el riesgo y la volatilidad totales de la cartera

Ahora que comprendes cómo puedes controlar el tamaño de las posiciones de las acciones y los futuros, podemos pasar al asunto del riesgo y la volatilidad totales de la cartera. Por ejemplo, si tuviésemos 10 acciones en una cartera, cada una de ellas con una volatilidad media del 0,5 % diario, podríamos ver unos vaivenes de 10 veces un 0,5 %, o lo que es lo mismo, un 5 % de nuestra cartera en un día normal. Eso puede resultar difícil de asumir para algunos traders. Controlar el riesgo y la volatilidad totales de tu cartera es una forma más de allanar el viaje.

Digamos que sólo puedes tolerar un 5 % de volatilidad total en la cartera y que no quieres que el riesgo total en la cartera supere el 14 % en un día dado. Simplemente suma las posiciones y mira si estás por encima de esos niveles pre-determinados. Si lo estás, simplemente retira una cantidad suficiente de cada posición para regresar a tu nivel de comodidad.

Sé que algunos agudos estadísticos estarán diciendo ahora: «Sí, ¿pero qué hay de la falta de correlaciones entre las posiciones? No puedes, simplemente, sumar las cifras del riesgo y la volatilidad. Algunas puede que tengan una volatilidad hacia arriba y otras hacia abajo el mismo día, compensándose entre ellas». Por lo que a mí respecta, mantener las cosas fáciles y conservadoras es más importante que los cálculos complejos. Tener en cuenta las correlaciones puede permitirte mantener más posiciones y más grandes, pero esto implica muchos más cálculos, y puede que siga sin ser precisamente exacto debido a las correlaciones constantemente cambiantes.

Además, si te hubieses fijado en la correlación entre distintas posiciones en la cartera durante varias décadas como he hecho yo, habrías sido testigo de ocasiones en las que una crisis mundial, un mercado bajista en pánico u otras noticias hacen que las relaciones se acerquen a 1,00, o muy correlacionadas. ¿Por qué no mantener las cosas fáciles, asumir que todas las posiciones están correlacionadas al 100 % y hacer que tu vida como trader todoterreno sea más fácil?

Si tengo que desprenderme de un 2 % para hacer que el riesgo o la volatilidad totales de la cartera se reduzcan a unos niveles aceptables, simplemente multiplico el 2 % por el tamaño de cada posición, lo redondeo a una unidad entera (acción o contrato) y liquido eso inmediatamente en el mercado. La cartera tendrá un riesgo total menor, menos volatilidad y una curva de capital más homogénea. Además, estudios que he llevado a cabo remontándome a mi trayectoria profesional en la gestión de carteras muestran que este concepto mejorará tus relaciones rendimiento-riesgo. Consiste, en esencia, en reducir el tamaño del siguiente descenso potencial, que está esperándote a la vuelta de la esquina.

Resumen de los beneficios de añadir distintos niveles de cálculo del tamaño de las posiciones

Pensé que sería útil para los traders ver los beneficios graduales de pasar por cada nivel del cálculo del tamaño de la posición usando una única estrategia de seguimiento de tendencias sencilla. La siguiente tabla muestra el ejemplo que ejecuté en la plataforma de simulación en una cartera con veintiséis futuros del mercado usando algunos indicadores estándar de seguimiento de tendencias y las estadísticas destacadas en cada simulación. En esta tabla se fijaron los mismos indicadores y la misma cartera. El único cambio fue el de los algoritmos que calculan el tamaño de la posición. Puedes ver cómo añadir conceptos de cálculo del tamaño de la posición a tu cartera da como resultado algunos beneficios en la cartera todoterreno.

SimTrader

Parámetro	Valor del parámetro	TCCM (%)	Ratio de Sortino	Descenso máximo (%)	Beneficio con el descenso máximo
Riesgo inicial % del capital	0,5	+15,087	0,876	-87,142	0,173
Riego en desarrollo % del capital	1,0	+13,797	0,844	-63,864	0,216
Volumen inicial % del capital	0,2	+11,223	1,409	-19,507	0,575
Volumen en desarrollo % del capital	0,5	+11,377	1,426	-19,255	0,591
Riesgo total % de la cartera	15,0	+11,343	1,436	-19,266	0,589
Volumen total % de la cartera	7,0	+11,343	1,436	-19,266	0,589

GRÁFICA 36 Beneficios progresivos del cálculo del tamaño de la posición: añade cada capa secuencialmente.

La progresión de los resultados frente a la adición de cada parámetro adicional de cálculo del tamaño de la posición muestra una mejora lógica de las estadísticas. Empezando con un riesgo simplista del 0,5 % del nivel de capital, vemos que el camino puede ser ciertamente salvaje. La mayoría de los traders no podrían aguantar ese tipo de dolor. Añade algo de control del riesgo en curso, fíjalo en el 1,0 % y vemos un esperado ligero descenso de los beneficios, pero mejoras en las relaciones rendimiento-riesgo y el porcentaje de descenso. Añade el control de la volatilidad de la posición inicial y el beneficio baja algo más, pero ahora hemos más que doblado la ratio de Sortino, hemos reducido el descenso espectacularmente y hemos dado un salto en el rendimiento con el descenso máximo de 3,3 veces con respecto al caso original. Añade controles de la volatilidad en curso fijados al 0,4 % y, de hecho, mejoramos el beneficio ligeramente, pero también mejoramos el resto de las estadísticas. Por último, añade controles del riesgo y de la volatilidad a nivel de la cartera, y los beneficios, el descenso máximo y el beneficio con el descenso máximo permanecen estables. La ratio de Sortino sigue mejorando, finalizando a su nivel más elevado de entre todos los casos. Ahora estás alcanzando el punto de unos beneficios menguantes con cualquier ajuste más fino de los controles de la posición.

La lección que veo en estas ejecuciones es que controlar los tamaños de las posiciones de, literalmente, miles de operaciones en estas simulaciones mejora el comportamiento de la estrategia. Todas estas ejecuciones se hicieron con exactamente la misma estrategia básica de futuros que uso ahora mientras estoy escribiendo este libro. Me esfuerzo por conseguir unos beneficios decentes para la cartera de inversión de mi jubilación, unos descensos que puedo tolerar y unas cifras decentes de rendimiento-riesgo. El cálculo del tamaño de la posición me ayuda a llegar ahí. Ésta es, simplemente, una estrategia. Imagina cómo esto te ayuda si lo haces con múltiples mercados, estrategias y períodos de tiempo. Tómate tiempo para explorar esto en tu cartera de inversión. Siempre ha ayudado a la consistencia de mis niveles de comodidad en el trading.

Afinar tu propio cálculo del tamaño de la posición todoterreno

He escogido las cifras que he elegido para todos los ejemplos porque es fácil trabajar con ellas. Cada trader tiene sus propios niveles de tolerancia al riesgo y la volatilidad, y debería personalizar los controles del cálculo del tamaño de la posición para su propia situación. Si eres un trader nuevo y no estás seguro de cuál es tu tolerancia al dolor, empieza con poco y ve subiendo. No empieces con mucho y vayas bajando, ya que eso sería una receta para el desastre.

Si crees que podrías tolerar un 1 % de riesgo en una nueva posición, quizás podrías empezar bastante por debajo de eso, a un nivel del 0,5 o el 0,6 %, probarlo durante un tiempo e incrementarlo si te parece un poco demasiado sosegado. Peca siempre por el lado bajo. Operando a largo plazo, con el mercado arrojándote unos niveles récord de riesgo y volatilidad, agradecerás operar con controles de cálculo del tamaño de la posición implementados que concuerden con tu situación y tu psique. Esto te ayudará a seguir operando con tu estrategia, ya que un mal cálculo del tamaño de la posición podría haber provocado que abandonases la gestión de tu cartera debido a la frustración o la ansiedad.

CAPÍTULO 11

La parte mental del trading

¿Por qué deberíamos preocuparnos por los aspectos mentales del trading?

El doctor Van K. Tharp siempre decía: «Los traders no operan en los mercados, sino que operan con sus convicciones». Estoy totalmente de acuerdo. Todo lo que he descrito en este libro explica mis convicciones. Aquí están:

1. Un trader exitoso dispone de un motor de compra/venta que tiene sentido y que le ayuda a llevar a cabo una operación.

2. Un trader exitoso tiene un enfoque sensato en cuanto al cálculo del tamaño de sus posiciones de forma sistemática, ayudando a reducir las probabilidades de una ruina.

3. Un trader exitoso dispone de estrategias que le ayudan a llenar los «baches» en los descensos en la curva de capital para hacer que todo ello sea menos estresante.

4. Los mercados suben, bajan y se desplazan de forma lateral a lo largo del tiempo.

5. Crear una estrategia total o una colección de estrategias que encaje bien en tu situación supone un enfoque mucho más exitoso para el trading que copiar la estrategia de moda de otra persona que será improbable que puedas ejecutar a lo largo del tiempo.

6. Nada es perfecto en el trading.

7. El mercado hará lo que tenga que hacer.

Sigo recordando escuchar al doctor Tharp, en uno de sus seminarios Peak Performance, preguntarle al grupo qué era más importante: ¿la compra/venta, el cálculo del tamaño de tu posición o tu agudeza mental para el trading? Algunos supusieron que sin la capacidad para llevar a cabo la compra o la venta no hay negocio. Otros decían: «Sí, pero si no calculas el tamaño de tu posición correctamente, la operación podría volverse en tu contra y podrías acabar expulsado del juego». Ambas son ideas válidas, pero el aspecto más importante del trading es tu proceso mental. Sin él, no sucede nada bueno.

Llegados a este punto, y con mi formación como ingeniero y mi reputación con la computarización de cosas, me llega el argumento «Pero tú eres un trader metódico dirigido por los ordenadores. Tu lado mental del trading no es tan importante como el de alguien que está todo el día sentado frente al ordenador». Eso, por supuesto, no es verdad. Yo soy el tipo que tiene que pulsar el botón para ejecutar esos programas. Puedo saltármelo hoy si quiero. Puedo implementar programas para que me envíen alertas y luego invalidar las señales. Puedo tener unos sentimientos intensos con respecto a una operación y doblar el tamaño que el ordenador me decía que comprara. Puedo leer algo persuasivo y decidir tomar una decisión con un resultado incierto con respecto a cierta posición con la que nunca he operado antes. Hay infinitas formas en las que podría inmiscuirme en el proceso. Soy humano, y mis sentimientos pueden generar errores fácilmente, por lo que tengo que dedicar tiempo a acertar con la parte mental del trading.

Este capítulo está centrado en desarrollar una base para una gran **psique para el trading.** Usaré este término para describir todo el conjunto de tus procesos mentales que podrían afectar a tu capacidad para ser un trader todoterreno exitoso. Me gusta pensar de cada subsección que hay a continuación como en una pieza de lo que llamo la psique del trading. Son importantísimas para el proceso del éxito en el trading.

Autoestima

Iniciaremos nuestro viaje mental aquí para asentar una base sólida. La autoestima es la forma en la que una persona piensa y se siente con respecto a sus propias cualidades y características.

En el trading, al igual que sucede en prácticamente cualquier empeño, queremos una alta autoestima. Los mercados en los que operamos tienen una forma insidiosa de presionar nuestras teclas mentales y hacernos dudar de nosotros mismos. Tener unos pensamientos positivos sobre tus propias cualidades y características ayuda a contrarrestar los efectos negativos que los mercados tienden a arrojarte a lo largo del tiempo.

Imagina lo contrario. Ejecutas una operación. Dura un día, alcanza la orden de venta al llegar al *stop loss* y te quedas fuera. Has encajado una pérdida. *Has vuelto a equivocarte.* Actuaste impulsivamente y no acabaste de seguir tu estrategia, y ésta es la tercera vez seguida que has fastidiado algo en tu trading. Tienes una baja opinión de ti mismo, y esta operación y muchas otras antes de ella simplemente están confirmando que no eres lo suficientemente bueno para hacer esto.

Caray. He empezado a deprimirme simplemente escribiendo este párrafo.

Una mejor forma de gestionar estos factores estresantes potenciales para tu psique es, en primer lugar, hacer lo que sea que puedas para darte cuenta de que posees las cualidades y las características que nadie más posee. Tienes que creer que posees unas habilidades especiales. Ocupas un lugar único en el mundo como cónyuge, progenitor, hijo, amigo, colega y parte de tu comunidad. Tú vales. No te definas como un trader. Defínete como una persona importante para el mundo en el que vives. Ten una opinión elevada sobre quién eres. Créetelo de verdad porque es cierto. Nadie debería tener una mala opinión de sí mismo, pero hay gente que la sigue teniendo. Si esto te describe, antes de iniciar tu camino por la senda del trading trabaja en valorarte más. Esto tendrá el beneficio añadido de un mejor estado de salud general y de bienestar a lo largo de toda tu vida, y no sólo en el campo del trading.

Responsabilidad

La siguiente parada en nuestro viaje mental será la responsabilidad. Cuando era niño sentía que el mundo a mi alrededor era un lugar maravilloso con muchísimas posibilidades emocionantes. En el colegio todo estaba programado. Fuera del colegio, repartir periódicos, leer libros y estudiar bastante ocupaban mis días. Cuando somos niños, todo empieza con nuestros progenitores y profesores controlando buena parte de nuestro mundo. Tenemos muy pocas responsabilidades por cualquier cosa.

A medida que crecemos, la mayoría de nosotros nos damos cuenta de que somos capaces de cambiar las cosas si asumimos la responsabilidad por las cosas que suceden a nuestro alrededor. Pese a ello, muchos no logran asumir esa responsabilidad. Es fácil culpar a otra persona o a otra cosa por lo que sucede, y especialmente por los sucesos negativos. A veces nos gusta llevarnos el mérito por los sucesos positivos en casos en los que en realidad simplemente fuimos afortunados y tuvimos poco que ver con hacer que sucedieran. «No es mi culpa» se convierte en un lamento para muchos. Es fácil hacerse la víctima. En el trading esto consiste en «Ellos han ejecutado mis *stops*», o «Mi cónyuge me ha interrumpido», o «La compañía ha manipulado el precio de las acciones con ese anuncio. Los iniciados deben estar liquidando sus acciones».

La responsabilidad te proporciona la capacidad de controlar muchas cosas a tu alrededor. Si decides que las interrupciones están provocando que pierdas la concentración, entonces eres responsable de crear una situación en tu oficina que evite las distracciones. Si tienes muchos *stops* que se están ejecutando demasiado frecuentemente y luego reviertes la dirección, asume la responsabilidad por medir el ruido y mira si puedes dar con una forma de darle al mercado más espacio para él. Si las noticias parecen provocar que actúes irreflexivamente con tu trading, apaga las noticias.

Sin la responsabilidad por los propios actos es difícil tener éxito en algo. Sin ella, el mundo simplemente seguirá girando y golpeándote con acontecimientos aleatorios una y otra vez, y tu vida será como una barca de remos en el océano en medio de una tormenta, siendo maltratada hacia abajo, hacia arriba, de lado y que al final acabará volcando. Con responsabilidad, cada persona puede valorar el mundo a su alrededor y actuar para mejorar su situación o avanzar para alcanzar sus objetivos. Si no sabes nada sobre programación informática y decides que te gustaría automatizar algunos de tus procesos de trading, entonces asumirás la responsabilidad de aprender a programar eso y desarrollarlo; o podrías contratar los servicios de un graduado en ciencias informáticas y trabajar con él para crear programas para hacer que tu trading sea más eficaz y eficiente.

Si determinas un *stop* y luego no logras ejecutarlo, ¿es culpa del mercado o es culpa tuya por no lograr ejecutar el *stop*? Si contratas los servicios de un programador que cree una plataforma de trading que simule unos beneficios enormes, con un conjunto de indicadores y luego decides, rápidamente, empezar a operar con ella en tiempo real y te explota en la cara, ¿ha sido culpa del programador o tuya por no comprobar ni volver a revisar los resultados de la simulación y asegurarte de que su lógica esté funcionando de la forma en la que necesites que funcione?

Si entras en una operación y el mercado se mueve en tu contra, no culpas al mercado. El mercado puede ser variable. Como traders, lo observamos y reaccionamos frente a él. Al mercado no le preocupa si estamos realizando operaciones o no. Hace lo que tiene que hacer. Nosotros asumimos la responsabilidad por actuar de una manera lógica ante la forma en la que se desarrollan los movimientos de los precios.

La próxima vez que le eches las culpas a algo o a alguien que no seas tú, pregúntate: «¿Qué podría haber hecho o qué podría hacer en el futuro que condujera a un resultado más positivo?». Cuando te das ese poder, es sorprendente lo que puedes conseguir.

Conciencia

Iniciaremos esta subsección sobre la psique del trading con un relato de mi propio viaje hacia el interior del mundo de la conciencia. He explicado esta historia innumerables veces para ayudar a otros a iniciar su propio viaje hacia una conciencia aumentada.

Cuando era estudiante de último año en el instituto, tuve que ponerme de pie en una clase de inglés y dar una charla sobre un libro que acababa de leer para una tarea escolar. Llegué al estrado, con las manos temblándome y, de algún modo, logré hacerlo. Más tarde, esa noche, volví de algún modo, a reproducir en mi cabeza lo que había pasado. Vi la cara de mis amigos, a los que conocía prácticamente de toda la vida, vi cómo me temblaban las manos, sentí el miedo que había sentido cuando estuve de pie frente a un grupo de gente para hablar, y me di cuenta de que todo era ilógico. Mi desempeño con una tarea sencilla frente a mis amigos fue ridículo. Me enfureció que ese evento fuera lo más importante de mi día.

Esa revisión fue de tanta utilidad que empecé a revisar las interacciones y los sucesos de mi jornada cada noche. Permitía que cualquier evento importante que hubiera sucedido apareciera en mi pensamiento. Asumí que los pocos que me acudían a la mente eran las cosas más importantes que habían sucedido ese día. Me preguntaba. «¿Es ésta la forma en la que debería comportarme o actuar en esa situación? ¿Estoy contento con lo que sucedió? ¿Hay algo que hubiera podido haber hecho de forma distinta?».

Toda esta «revisión de la grabación» me ayudó a orientarme para mejorar mi conciencia y adaptar la forma en la que gestionaba las cosas; pero todavía estaba muy lejos de ser plenamente consciente.

Avancemos hasta cuando jugaba al baloncesto, como pívot, en un equipo que disputaba un campeonato. Desde la posición en la que generalmente jugaba cuando defendíamos podía ver al resto de los miembros de mi equipo y a la mayoría de los otros cinco tipos contra los que jugábamos. Por lo tanto, me encargué de llamar la atención sobre lo que estaba sucediendo detrás algunos de mis compañeros, ya que no tenían ojos en la nuca. Esto les permitía concentrarse en el oponente que tenían delante de ellos sin apartar los ojos de él. Eso hizo que nuestra defensa fuese más dura. La mayoría de los equipos odiaban jugar contra nosotros porque fastidiábamos su capacidad de anotar.

La conciencia entró en juego en los partidos de baloncesto en la forma en la que estaba al tanto de quién estaba detrás de mí. Yo le estaba diciendo a mis compañeros quién estaba detrás de ellos, pero nadie le seguía el rastro a quién se encontraba detrás de mí. Tenía que ser consciente de cualquiera que abandonara mi campo de visión. Si aparecía por el otro lado, eso significaba que seguía estando detrás de mí. Entonces podía asegurarme de que si parecía que una jugada vendría hacia donde yo me encontraba, estaría preparado para hacer un movimiento sin ni siquiera mirar para ver dónde estaba el otro jugador. Eso ayudó a mi mente a ser consciente de algunas cosas (el tipo que estaba detrás de mí) mientras procesaba conscientemente otras cosas (gritar indicaciones defensivas a mis compañeros de equipo).

Superé otra prueba de conciencia en una clase de hablar en público en mi trabajo como ingeniero químico después de la universidad. Me inscribí de inmediato, recordando mi lamentable desempeño en el instituto. La mujer que estaba impartiendo las clases era excelente y nos hizo condensar nuestras charlas de cinco o diez minutos a quizás tres o cuatro palabras enumeradas en una pequeña tarjeta. No era necesario un discurso previamente escrito. Simplemente teníamos que tomar la primera palabra clave y hablarle al grupo. Era como mantener una conversación normal y corriente.

Ensayé el dar mis discursos frente a un espejo. Daba mi charla mientras me veía dando mi charla. Había dos cosas que sucedían en mi cerebro, con una parte hablando y otra parte viéndome hablar. Me daba cuenta de si estaba sonriendo, frunciendo el ceño, nervioso o si me trastabillaba con mis palabras. Practiqué y lo hice mejor con una conciencia aumentada.

El otro bucle de retroalimentación que se estableció fue la grabación en vídeo. La profesora grababa la charla que daba cada alumno, y más adelante durante la clase reproducía la grabación y sugería formas de mejorar nuestro desempeño individual. Todos estábamos en el mismo barco, intentando mejorar, y se volvió algo muy divertido para todos. Esto daba como resultado risas y risitas, y todos seguíamos mejorando en cuanto a hablar delante de un grupo de gente.

Fue algo más tarde, cuando pasé al sector de la gestión de carteras, cuando supe que tenía que ser consciente de lo que estaba sucediéndome en tiempo real, de modo que pudiera protegerme frente al estrés y las acciones impulsivas que pudieran costarles dinero a mis clientes. Pensé en ello como en tener un «Yo Observador» sobre mi hombro internalizando todo lo que estaba pasando en mi vida, y no sólo al hablar frente a un grupo. De hecho, coloqué un pósit en la pantalla de mi ordenador que simplemente ponía «Conciencia».

Siempre que veía la nota, me detenía brevemente para preguntarme «¿He sido consciente?». Si lo había sido, entonces era genial. Si no lo había sido, ¿por qué no lo había sido? Mejoré más y más en cuanto a ser consciente de lo que estaba haciendo en tiempo real. Así pues, al contrario que cuando volvía a reproducir la cinta en mis tiempos en el instituto, estaba obteniendo una conciencia en tiempo real y la capacidad de adaptarme mientras avanzaba por la vida. Poco a poco, el Yo Observador simplemente se fusionó con mi mente, y ahora puedo ser consciente de lo que está sucediendo conmigo todo el tiempo.

¿Cómo se relaciona esto con el trading? Si alguien te da un soplo sobre unas acciones y no eres consciente de tu avaricia, no podrás evitar abandonar tu estrategia de trading. Si una posición está desplomándose rápidamente, acercándose a tu *stop loss,* y eso te está estresando, ser consciente de tu miedo o tu nerviosismo te permite apartarte de tus estados mentales negativos y recordarte que el *stop* está ahí con un fin y que los mercados son impredecibles.

Sin conciencia se eliminan muchas posibilidades. Todo el mundo se beneficiaría representando algo frente a un espejo o una cámara de vídeo. Verte haciendo algo puede proporcionarte una habilidad útil en la vida y para el trading.

Disciplina

Oigo a traders hablando todo el tiempo sobre la disciplina en su trading. Anulan su estrategia en una operación y luego se quieren morir por no haber sido más disciplinados. Los traders buscarán cerrar una operación con un buen beneficio, sólo para ver cómo dicha operación sigue adelante con un avance que rinde unos resultados muy positivos y luego dicen: «Ojalá hubiera tenido la disciplina para ceñirme a mis operaciones y haber permitido que hubieran proseguido hasta alcanzar unos mayores beneficios».

Esto sucede también en cualquier otro ámbito de la vida. La persona que está a dieta ve el delicioso pedazo de tarta de chocolate y al día siguiente lamenta habérselo comido. Alguien decide saltarse su entreno y luego se pregunta por qué se siente perezoso los dos días siguientes. La persona que normalmente se va a dormir a una hora razonable decide documentarse sobre una noticia de última hora por la noche y luego le cuesta tener un sueño reparador.

Hasta el momento nos hemos ocupado de la autoestima, la responsabilidad y la conciencia, y todas ellas son esenciales para la disciplina. La falta de disciplina puede hacer algo que no esté en tu plan. Si tienes una gran disciplina, conciencia y responsabilidad por tus propias acciones, te darás cuenta de que puedes ser disciplinado y emprender acciones correctoras cuando empieces a desviarte de tu plan. Cada vez que lo hagas y te des una palmadita en la espalda por tus acciones, reforzarás todas las cosas que estás haciendo mentalmente para conseguir que sea más fácil seguir la acción disciplinada en el futuro.

Equilibra tu estado mental

Nuestra última parada en el viaje por la parte mental del trading consiste en comprender, cambiar y equilibrar los estados mentales. La mayoría de los traders, especialmente aquéllos con poca conciencia de lo que les está sucediendo, no se dan cuenta de que los estados mentales pueden variar enormemente de un día a otro. Tampoco se dan cuenta de que los estados mentales pueden ayudar o dañar a su trading. Además, ni siquiera comprenden su propia capacidad humana de modificar su estado mental hacia algo más útil.

Fijémonos en algunos ejemplos de estados mentales y en el impacto que pueden tener sobre el proceso del trading. En el primer ejemplo, a un trader le llega la noticia del fallecimiento de un ser querido. Se encuentra en un estado mental extremadamente triste. Ciertamente, no está concentrado en la tarea que tiene entre manos. La tristeza no proporciona a un trader un estado mental optimista necesario para soportar una operación negativa y seguir con sus transacciones. Es mucho más probable que en ese estado mental diga algo como: «A tomar viento. Voy a dejarlo por hoy».

A otro trader acaba de llegarle la noticia de que va a recibir una herencia, haciendo que su cuenta se llene de mucho dinero nuevo listo para ser invertido. Se siente bien, casi exaltado. Últimamente ha estado implicado en una sucesión de eventos rápidos con un resultado positivo que le ha aportado unos buenos beneficios. En ese estado mental podría, fácilmente, asumir un mayor riesgo del que resultaría normal o prudente. Podría ignorar el riesgo y la recomendación de calcular el tamaño de la posición según la volatilidad y simplemente «redondear la compra al alza». Podría pasar fácilmente por alto problemas con la operación como la liquidez o el hecho de que el mercado general haya estado sobrecomprado durante un tiempo. Quizás sería prudente que, en lugar de ello, simplemente siguiera ejecutando su estrategia bien pensada.

En ambos casos, uno por el lado negativo y otro por el lado positivo, los traders no se encontraban en un estado mental equilibrado. Cualquiera de estas dos condiciones extremas puede cegar a un trader de algo que debería tener en cuenta en el otro lado del espectro mental. La conciencia de la que hemos hablado antes es clave aquí para darte cuenta de que te encuentras en un estado mental extremo que es potencialmente dañino para tu trading.

Así pues, digamos que te das cuenta de que estás con un estado de ánimo positivo o negativo, extremadamente airado o sintiéndote estúpido. ¿Qué puedes hacer para modificar tu estado mental para que entre en un estado de equilibrio? Ser consciente de tu estado supone el primer paso, pero ahora tienes que cambiar hacia algo más útil.

Me gusta ver la «película del trading» o la «película de la vida». Imagina, en este preciso momento, que te encuentras en la película de tu vida. Estás en cada escena. Mira a tu alrededor en la habitación y observa a la gente, tus mascotas, quizás el televisor, los árboles fuera meciéndose con la brisa. No te centres en nada concreto. Cuando ves una película te encuentras entretenido, emocionado o asustado, o lo que sea que la película esté intentando provocar, emocionalmente, al espectador; pero tú, por supuesto, te das cuenta de que se trata simplemente de una película. No es real. Puedes seguir regresando a ese pensamiento mental para mantenerte equilibrado mientras ves la película.

También puedes hacer eso mismo durante tu jornada. Practica el disociarte de lo que está sucediendo a tu alrededor. Fíjate en la película de la vida. «¡Vaya! ¿Otra pérdida?». Eso es algo totalmente esperado: «Fíjate en eso: XYZ ha ejecutado otra operación para ir a largo». Ha llegado el momento de ejecutar la operación. Sin emoción. Sin estrés ni presión. Simplemente estás viendo la película y te encuentras en cada escena del film desempeñando tu papel a la perfección.

Al igual que las películas frecuentemente te lanzan giros de guion y te sorprenden, la vida incluye algunas cosas inesperadas. Puedes quedar fácilmente absorbido por las sorpresas, y pueden apartarte de tu estado mental hermosamente equilibrado. Piensa en las sorpresas como en giros de guion en tu película y en que tu personaje lidia con la sorpresa con gran eficiencia y se mantiene centrado en lo que tiene que hacer.

Puedes decidir aferrarte a un estado mental emocional o no. Si quisieras ver una comedia y decidieras que quieres echarte unas buenas risas, puedes permitirte verte divertido por la película. Si quisieras mostrarte completamente indiferente y ver el film analizando los escenarios, la vestimenta y a los personajes, quizás no lo encontrarías entretenido en absoluto. Si un equipo de fútbol va a jugar un partido creyendo que va a perder, lo tendrá fácil para hacer que eso se convierta en realidad. Si en lugar de ello cada miembro del equipo se concentra en hacer su parte y piensa «Veremos lo que sucede», tendrán muchas más probabilidades de jugar al máximo de sus capacidades.

Está totalmente a tu alcance como humano decidir si deseas permanecer o no en un estado mental. Si te das cuenta de que te encuentras en un estado mental que no es útil, cámbialo por algo que sí sea de utilidad y disfruta contemplando la película de tu vida.

CAPÍTULO 12

Empezar con las inversiones todoterreno

¿Por qué hablar de las ventajas y los aspectos mentales del trading con un enfoque todoterreno antes de entrar en los detalles sobre cómo implementarlo? Necesitas una base, y la has estado desarrollando lentamente. Ahora, mientras persigues tu plan, serás consciente de lo que está por venir. Sabes, casi en su totalidad, qué esperar; y puedes lidiar con esos retos en consecuencia.

Ha llegado el momento de iniciar tu proceso. Ha llegado el momento de investigar qué mercados funcionarán mejor para ti en cuanto a su estudio y su implementación. Es un momento emocionante cuando encuentras un proceso y un conjunto de marcadores que encajan bien con tu personalidad. Esto te permite volverte más optimista sobre el resultado de tu cartera de inversión.

Yo estoy ejecutando una estrategia todoterreno múltiple extremadamente diversificada para nuestras cuentas de jubilación. No nací con el conocimiento sobre cómo operar en la bolsa, cómo calcular el tamaño de mis posiciones, cómo programar ordenadores o cómo modificar mis estados mentales. Tuve que aprender estas cosas. Necesitaba algo que no tenía y tuve que trabajar para adquirirlo. Día tras día, sabiendo hacia dónde me dirigía, observé, aprendí de mis errores, estudié cursos, leí libros y simulé estrategias de trading que tenían sentido para mí para gestionar toda la cartera de inversión mejor de lo que lo había hecho en el pasado.

Sin embargo, este progreso no es algo que se produzca de la noche al día. Si el objetivo consiste en hacerte cargo tú mismo de este enfoque de la inversión todoterreno, deberás llevar a cabo el trabajo necesario antes de zambullirte.

Implementar un enfoque de trading todoterreno

Me gusta desglosar tu trabajo en forma de pasos fácilmente comprensibles. Te recomiendo que pienses en llevar a cabo esta implementación en el orden que he enumerado, ya que cada paso se basa en los pasos anteriores a él. Aquí tenemos tu lista de trabajo:

1. *Haz un inventario personal.* Redacta una descripción de tu futuro negocio de trading si vas a presentar un plan de negocio para una nueva empresa. Debería incluir cosas como el capital, las habilidades, las personas implicadas, cuánto tiempo tardará que el negocio despegue y cuánto tiempo dedicarás, durante cada período, a ejecutar el negocio. Será único para ti, a diferencia de cualquier otro trader.

2. *Decide acerca de en qué mercados operarás.* ¿Estás orientado hacia las acciones o hacia los futuros, o te va bien operar con cualquier cosa si puedes obtener beneficios? *¿De qué mercado tienes ya conocimientos prácticos y en cuáles te gustaría diversificar que quizás requieran de algo de aprendizaje?*

3. *Crea un motor de compra/venta que dirija tus operaciones.* Podría ser a largo plazo o a corto plazo. Puede tratarse de un indicador estándar (Investope-dia.com dispone de docenas de ellos con sus fórmulas y su lógica). Puedes usar un ordenador o un vistazo a una gráfica en tu pantalla. Personalízalo a tu gusto. Asegúrate de comprender totalmente la lógica y las matemáticas implicadas. Intenta preguntarte: «¿Cuándo tendrá este indicador su mejor rendimiento y dónde es probable que sufra?». *¿Funcionará eso para tus necesidades?*

4. *Decídete por un parámetro del período de tiempo.* Un trader tiene que poder obtener información de lo que parece ruido o datos aleatorios. Un período de tiempo más corto tenderá a proporcionarte más operaciones, más cosas que hacer rápida y eficazmente. Puede que estés buscando retos y que quieras operar intradía. Puede que otros viajen debido a su trabajo y que sólo puedan fijarse en su cartera de inversión y en los indicadores una vez por semana con fiabilidad. Los indicadores a más largo plazo serían de ayuda en ese caso. Hay un período de tiempo que encajará en tu situación. *Encuéntralo y ponlo en práctica.*

5. *Averigua cómo calcularás el tamaño de las posiciones en tu cartera de inversión.* Nos hemos ocupado de algunos ejemplos sobre cómo enfoco ese problema

en el capítulo 10. Quizás te gustaría mantener las cosas más sencillas que yo, pero disponer de un plan lógico para calcular el tamaño de las posiciones, de modo que cada posición en la cartera pueda contribuir con su recompensa y su riesgo a todo el esfuerzo. No querrás que un sólo instrumento domine lo que está sucediendo.

6. *Simula lo que tu estrategia ha hecho en el pasado hasta el grado que consideres necesario.* Si eres capaz de automatizarlo, puedes, simplemente, implementar una simulación con parámetros de tiempo que deberían funcionar para ti, un concepto de cálculo del tamaño de la posición que te guste y ver qué aspecto tiene en la historia. Si no, podrías regresar a tu plataforma de bróker, fijarte en algunas gráficas que se dieron en mercados ascendentes, descendentes y laterales y mirar, manualmente, lo que le sucedió a tu estrategia en esos distintos períodos. *El objetivo en este paso es comprender más acerca de cómo tiende a desempeñarse tu estrategia en distintas condiciones de mercado.* Te vas sintiendo más cómodo con lo que ejecutarás como trader todoterreno.

7. *Decídete por un bróker.* Si vas a operar sólo con acciones, entonces dispones de muchas empresas que trabajan sólo con acciones que pueden gestionar tus operaciones. Algunas te permitirán una mayor automatización, y otras una menor. Si quieres poder ocuparte de posiciones con acciones, opciones y futuros en tu cartera de inversión, tendrás que buscar compañías que estén registradas y operen en todos esos campos del trading. Disponer de la capacidad de operar en todos los mercados que deseas ayuda a generar eficiencias con tu capital para el trading y mucho menos engorro con tener que mover dinero de un bróker a otro para reequilibrar tu estrategia.

8. *Impleméntalo todo.* Si necesitas una hoja de cálculo para determinar el tamaño de tus posiciones, prepárala para usarla y ponla a prueba. Practica con su uso. Algunas plataformas de inversión disponen de la capacidad de hacer pruebas. Practica tu estrategia durante cada período por un tiempo, introduciendo operaciones, comprobando tu cartera, reequilibrándola en caso necesario, etc. Esto es como el entrenamiento militar para la siguiente batalla. Querrás estar preparado porque tu vida y la de tus camaradas depende de tu buen desempeño. Asume la misma actitud.

9. *Ejecuta la operación.* Sé organizado. Te has preparado para este día. Tu negocio va a abrir sus puertas. Ahora no valen las dudas. Tal y como dice Larry en la película *Un loco a domicilio:* «¡Hazlo!».

Aquí tenemos algunos ejemplos de cómo podría ir la implementación de un enfoque todoterreno:

Tim es un hombre joven muy volcado en su carrera profesional y tiene estudios de informática. Quiere ser agresivo, pero se está asentando y formando una familia, y no quiere volverse loco con el riesgo. Tim se encuentra bastante abrumado a veces en el trabajo, pero quiere ser activo en cuanto a sus inversiones, de modo que pueda aprender y mejorar lo que hace con el tiempo.

Hasta el momento, Tim ha usado una plataforma de inversión que su compañía de correduría de acciones le ofreció para ejecutar operaciones con acciones de compañías que le interesaban a largo plazo. Después de muchos años de un mercado de valores ascendente, la cartera de inversión de Tim ha crecido bastante.

Sin embargo, Tim sabe, por haberse fijado en las gráficas históricas, que hay riesgo ahí fuera en el mercado de valores. Tal y como hemos señalado al principio de este libro, las acciones se han desplomado de forma importante en varias ocasiones a lo largo de las últimas doce décadas, y no hay razón para no pensar que no harán lo mismo en el futuro de vez en cuando. Sabiendo esto, Tim quiere dar con una forma de ser agresivo, pero de gestionar el riesgo de un potencial futuro de unos mercados de valores descendentes.

Al disponer de acceso a la plataforma de inversión de su bróker y explorándola un poco, Tim se dio cuenta de que había disponible información sobre opciones de índices de acciones y empezó a estudiar las opciones como instrumento potencial de cobertura para su cartera de acciones. Como su cartera consistía, en gran medida, en posiciones agresivas en acciones tecnológicas, decidió fijarse en las opciones en el fondo cotizado en bolsa QQQ (Nasdaq 100). Después de hablar con su bróker y de obtener permiso para operar con opciones en su cuenta, decidió inscribirse en un curso gratis para principiantes sobre opciones que encontró en Internet. Después de comprender las opciones de compra y venta, Tim decidió crear un sencillo indicador de tendencias en la plataforma para medir la dirección del mercado de acciones: ascendente o descendente.

A continuación, necesitaba disponer de un instrumento específico para crear la cobertura para su cartera, atacando así al riesgo de un mercado de acciones descendente. Decidió comprar opciones de venta de QQQ en el dinero (*at the money*) cuando su indicador percibía un mercado descendente, y vender esas mismas opciones de venta, descargándolas sin una posición en las opciones, en un mercado ascendente, dejando su cartera agresiva sin cobertura.

Como su estrategia estaba ahora implementada, ¿qué tuvo que hacer de inmediato? El mercado de acciones estaba en ese momento en una dirección ascendente, por lo que no hizo nada. No hay necesidad de coberturas cuando el viento sopla a tu favor. Empezó revisando su indicador de dirección cada día y se preparaba para comprar una opción de venta en el dinero de QQQ en cuanto su indicador mostraba que la dirección había cambiado y era descendente.

Echémosle un vistazo desde el punto de vista de la inversión todoterreno. ¿Se dio cuenta Tim de que el riesgo existía? Sí. ¿Se dio cuenta Tim de que el riesgo vino en forma de un mercado de acciones descendente? Ciertamente. ¿Decidió Tim aprovechar ese riesgo usando un instrumento de inversión para proteger el resto de su cartera? Totalmente. Tim ha creado su versión de una cartera todoterreno que trabajará para él y reducirá su exposición a futuros mercados de acciones descendentes importantes.

Revisemos otro ejemplo…

Jennifer se encuentra al final de su trayectoria profesional. Después de estar subida a un mercado alcista prolongado durante años y de ahorrar una parte de su salario por encima de la media y sus primas, su cartera había crecido hasta alcanzar un tamaño en el que podía pensar en jubilarse. Sin embargo, su percepción era que, a lo largo de su trayectoria profesional, había visto algunos vaivenes salvajes en las acciones que habían dado como resultado algunos altibajos en su cartera de inversión. Pensar en la jubilación e imaginar oscilaciones en el valor de su cartera sin una profesión que pagara los gastos cotidianos era un poco amedrentador. Cuando su cartera había sido volátil en el pasado, casi lo había ignorado, porque estaba muy ocupada teniendo una trayectoria profesional exitosa. Sin embargo, dejar el mundo laboral significaba vivir de su cartera, y hacer esto era algo en lo que no tenía experiencia.

Jennifer, que tenía formación como ingeniera pero que no tenía grandes conocimientos de matemáticas, empezó a estudiar formas de enfrentarse al riesgo que creía que existía en el mercado de valores. Usó un servicio de correduría con acceso a mercados mundiales y se dio cuenta de que podía gestionar parte del riesgo que veía en los mercados. Si simplemente pudiera implementar una forma de «temporizar» los mercados, podría vender acciones que habían sido muy rentables y simplemente meter esas ganancias de la venta en un fondo del mercado monetario y ganar intereses. En los mercados ascendentes mantendría la exposición a las acciones, y en los mercados descendentes saldría de sus acciones evitando por lo menos parte de ese riesgo, capeando ese temporal y ganando intereses. Como la mayor parte de su cartera se encontraría en su plan individual de ahorros para la jubilación IRA acumulado procedente de su gran plan de pensiones, no habría consecuencias en forma de impuestos por sus acciones rentables. Decidió que después de jubilarse, dispondría del tiempo y el interés para gestionar su riesgo en el mercado de valores y de generar un enfoque todoterreno con el que pudiera sentirse cómoda.

¿Era todoterreno su enfoque? Sí. Se ocupa de los mercados tanto ascendentes como descendentes. ¿Era factible? Sí. Ella sentía que dispondría del tiempo necesario cada día para actualizar sus indicadores de las acciones que poseía. ¿Era eficiente desde el punto de vista fiscal dentro de su plan individual de ahorros para la jubilación IRA? Si. No había consecuencias impositivas por la venta de las acciones. Me parece que Jennifer ha creado una estrategia todoterreno que lidia con sus preocupaciones relativas al riesgo del mercado.

Veamos otro ejemplo…

Ben dirigía un negocio minorista para agricultores y lo hizo crecer bastante a lo largo de los años. Su pensión y sus carteras de inversión sujetas a impuestos eran voluminosas. El negocio de Ben implicó mucho contacto con los agricultores a lo largo de los años, y siempre habían hablado sobre la cobertura de sus cultivos. Algunas de las operaciones agrícolas más grandes con las que hacía negocios parecían comprender cómo eliminar parte de los salvajes vaivenes en el precio de las materias primas procedentes de sus propias granjas usando contratos de futuros para fijar unos precios favorables de las materias primas que usaban, como la energía o el pienso, y fijando el precio de las materias primas que producían, como la soja, el maíz, los cerdos o el vacuno.

Ben tenía un par de grandes carteras de inversión que gestionar, y hasta ese momento había empleado los servicios de un asesor financiero para obtener recomendaciones sobre las inversiones que debía hacer. Siendo su tiempo muy precioso y sin tener ningún interés por gestionar su cartera, le preguntó a su asesor cómo introducir más conceptos todoterreno en su cartera.

Después de una búsqueda por la plataforma de búsqueda de su compañía, el asesor financiero de Ben encontró algunos fondos que incorporaban uno o más conceptos de la inversión todoterreno esbozados en este libro. Se pusieron de acuerdo con uno que tenía sentido y compraron algo de ese fondo para la cartera de Ben. ¿Fue este movimiento todoterreno? Sí. Las carteras de Ben fueron desplazadas, con el tiempo, hacia opciones más todoterreno. ¿Podría Ben gestionar este nuevo enfoque todoterreno? Ciertamente, ya que, en realidad, tenía poco que hacer cotidianamente en el proceso, lo que le permitía dirigir su negocio.

Monitorizar tu progreso

Señalamos avances tecnológicos en la introducción de este libro y cómo han acelerado y simplificado muchas de las cosas que hacemos como inversores. Las aplicaciones en los teléfonos móviles colocan información en tiempo real en nuestro bolsillo y mejoran la velocidad a la que podemos controlar nuestras inversiones. Estos avances han abierto puertas a los inversores minoristas que han estado atascados en el lugar incorrecto de entradas atrancadas durante demasiado tiempo.

Desde las hojas de papel, un lápiz y una calculadora hasta los ordenadores personales en la década de 1980, y hasta los teléfonos móviles y las tabletas que tienen más potencia computacional que los primeros ordenadores centrales, la información fluye cada vez más libremente. Esto permite que los inversores actúen u obtengan información para tomar decisiones mucho más fácilmente que hace cuarenta años. Tengo conocimientos sobre ordenadores y la experiencia para usarlos inteligentemente, pero tuve que trabajar para adquirir esas habilidades. Tuve que desenterrarla de los datos y experimentar la montaña rusa emocional potencial antes de aprender cómo podía tolerar y allanar ese viaje.

He pasado muchos años desarrollando cada una de mis estrategias individuales todoterreno, y todo ese trabajo duro por adelantado ha dado sus frutos. Siento que tengo unas estructuras sólidas implementadas y comprendo lo que tengo que hacer cada día para actualizar mis indicadores, ajustar los tamaños de mis posiciones en caso necesario y dedicarme a otras actividades en mi vida. Sé que, con los aspectos de la diversificación extrema, la cobertura, la temporización y las estrategias laterales puedo gestionar por lo menos parte de los riesgos que sé que existen en los mercados.

Tú también puedes dedicar algo de tiempo a simular distintos enfoques con respecto a la inversión todoterreno para encontrar qué es lo que mejor encaja en tu caso. Las hojas de cálculo de Excel son muy potentes en la actualidad. Un sencillo ordenador portátil cuesta muy poco y puede llevar a cabo cálculos impresionantemente grandes. Hacer tus propios deberes incrementará la confianza que tienes en tu estrategia completa. Esa confianza se mostrará en tu capacidad de generar unos resultados positivos.

Quizás no sepas por dónde empezar. Si quieres algunos ejemplos sencillos sobre indicadores de trading y el cálculo del tamaño de la posición, mi página web enjoytheride.world tiene una herramienta de trading ETR (trading electrónico) para Excel que incluye algunas cosas simples que puedes hacer para empezar. Echa un vistazo a algunos de los artículos en la Tienda de Aprendizaje.

Para aquellos que estén buscando otras formas de procesar datos, quizás quieras echar una ojeada a *software* más potente. El mundo sigue creando formas más rápidas y potentes de analizar datos. Hay cursos asequibles de programación que se imparten *online*. He cursado algunos recientemente en Udemy.com por sólo quince dólares. Ve a tu propio ritmo. Crea algunos programas sencillos y ve avanzando por la curva de aprendizaje.

No tiene por qué ser complejo. No necesitas entrenarte como un atleta olímpico para saber cómo manejar una hoja de cálculo o crear un programa sencillo para ejecutar tus indicadores y tus algoritmos del cálculo del tamaño de las posiciones.

Pero necesitas ponerte manos a la obra.

CAPÍTULO 13

Maximiza tu relación rendimiento-riesgo

Independientemente de lo que desarrolles para tu propia estrategia todoterreno, querrás maximizar tu relación rendimiento-riesgo. El problema al que te enfrentarás al intentar hacerlo es que muchos indicadores frecuentemente usados para calcular la relación rendimiento-riesgo tienen defectos o no se aplican a tu cartera personal. Repasaré brevemente algunos de los más populares y luego ofreceré una mejor solución.

Ratio de Sharpe

Ésta es una de las ratios más ampliamente usadas para las carteras de acciones e inversores institucionales normales. Esta ratio emplea el rendimiento anualizado a lo largo del tiempo dividido entre las desviaciones estándar de esos rendimientos a lo largo del tiempo. Asume que la volatilidad equivale al riesgo y que la volatilidad hacia el descenso máximo es igual a la volatilidad hacia el aumento máximo. Esto es ridículo: ningún cliente para el que haya gestionado dinero se me ha quejado nunca de las desviaciones ascendentes en su cuenta.

Ratio MAR

Esta ratio divide la tasa de crecimiento compuesto medio (TCCM) a lo largo del tiempo entre el descenso máximo a lo largo de ese mismo período. Comprendo perfectamente que los descensos son donde los inversores se ponen nerviosos, por lo que eso tiene algo de sentido. Sin embargo, esta ratio usa el DESCENSO MÁXIMO ÚNICO. No incluye todo el resto de descensos menores, incluso aquellos que han durado mucho tiempo. Cuanto más tiempo dure un descenso, más probable será que los inversores pierdan la paciencia o que se frustren debido a la estrategia.

Beneficio con el descenso máximo

Esta ratio corrige la imperfección de la ratio MAR. El beneficio con el descenso máximo toma la TCCM a lo largo de un período y la divide entre la media de TODOS los descensos que se han dado durante el período medido. Puede ser útil, pero no tiene en cuenta el impacto que un descenso máximo grave podía tener en la psicología del inversor. Durante un descenso máximo el inversor estará estresado al máximo.

Ratio de Treynor

Esta ratio es similar a la ratio de Sharpe, pero usa el movimiento de la cartera en relación con un índice adecuado (Beta) en lugar de la desviación estándar de la cartera. Si eliges varios puntos de referencia, obtendrás una Beta distinta de la cartera y, por lo tanto, calcularás una ratio de Treynor distinta. No me gusta la dependencia de la selección humana de un índice de referencia que luego afectará a la Beta y distorsionará la ratio de Treynor. Se presta a la manipulación.

Ratio de Sortino

Ésta es mi medición favorita de la relación rendimiento-riesgo que frecuentemente se incluye en las plataformas de investigación. Esta ratio empieza con el mismo concepto que la ratio de Sharpe, que usa la desviación estándar de los rendimientos como la definición el riesgo. Luego cambia el cálculo y toma sólo la desviación estándar de los rendimientos del *descenso* que la cartera ha experimentado a lo largo del período. Esto se aproxima más a lo que los inversores y los traders considerarían como riesgo, pero no tiene en cuenta el tiempo pasado en esos períodos de riesgo.

Una relación rendimiento-riesgo más significativa: la ratio de comodidad ETR

Trabajar para clientes y gestionar mi propio dinero me han enseñado mucho sobre cómo la curva de capital yendo hacia arriba y hacia abajo puede provocar que el elemento humano modifique o fastidie el proceso de inversión.

Siempre me sorprende ver esos historiales llamativos con unos descensos del 50 % que muestran unos excelentes rendimientos de la tasa de crecimiento compuesto medio (TCCM) a largo plazo que se venden a los inversores. No hay forma de que ningún ser humano normal de este planeta se quede para presenciar ese historial a largo plazo cuando vea su cartera desplomarse un 50 %. La mayoría ni siquiera puede aguantar un período de descenso de más de entre un 15 y un 20 %.

Entonces, ¿qué hace que los clientes y los traders echen el cierre a una estrategia debido al desempeño? Yo propondría dos cosas distintas: la profundidad de un descenso más allá del punto en que se sientan cómodos y el tiempo pasado en esos períodos bajos. En otras palabras, muy pocos inversores se pondrían nerviosos con un período descendente del 5 %, pero después de algunos años acabarían agotados. Por otro lado, un período descendente rápido del 30 % también podría provocar el abandono de los planes de inmediato.

De la forma en que yo lo veo, los traders y sus clientes necesitan comodidad y tranquilidad para seguir haciendo lo que se supone que tienen que hacer. En cuanto superan su umbral de comodidad, pasan a la siguiente gran idea.

Tener un grado en ingeniería me proporciona una perspectiva diferente sobre el cálculo de la relación rendimiento-beneficio. He decidido usar conceptos del cálculo integral para generar una medición sencilla del grado de incomodidad provocado por la magnitud del período descendente y el tiempo pasado en ese período de incomodidad. En el lado positivo de las cosas, los períodos de nuevos ascensos son geniales, y el trader goza de comodidad. Ninguno de mis clientes se quejó sobre alcanzar nuevos máximos de capital. Desarrollé eso en forma de:

Ratio de comodidad ETR =
Cantidad de comodidad / Cantidad de incomodidad

A continuación, debemos incluir algunos parámetros que capten qué magnitud de un rendimiento descendente provoca incomodidad (**umbral de beneficio con el descenso**) y cuánto tiempo dura un descenso hasta que el trader experimenta incomodidad **(umbral de duración del descenso).** Para la mayoría de los inversores, algo como por lo menos una bajada del 10 % o 6 meses en un descenso te harían pensar en cambiar lo que estás haciendo.

La cantidad de incomodidad sería la suma de la magnitud del descenso actual durante cada período pasado en ese descenso que superara los umbrales de descenso seleccionados. En cuanto se superasen los umbrales, empezarías a sumar el valor del descenso vigente de cada período hasta que la cartera regresase a nuevos máximos y volvieses a unos niveles de comodidad.

La cantidad de comodidad sería lo inverso a la cantidad de incomodidad. Siempre que llegues a nuevos máximos y asciendas a partir de ahí, harías un seguimiento de ese aumento. El aumento es el porcentaje que asciende el alza actual por encima del final del último descenso. Sumarías el aumento vigente de cada período hasta que se superase el siguiente umbral de descenso. En ese momento volverías a sumar el descenso vigente del período a la cantidad de incomodidad. La cantidad de comodidad sería, en esencia, el tiempo y la magnitud pasados en períodos de comodidad. Cuantos más beneficios disfrute la cartera y más tiempo pase en subidas, mayor será la cantidad de comodidad.

La ratio de comodidad ETR sería entonces una sencilla relación entre la cantidad de comodidad y la cantidad de incomodidad.

Un sencillo ejemplo: Letras del Tesoro

Las letras del Tesoro se usan en los cálculos de todo el universo financiero como «tasa de beneficio sin riesgo». Si la cantidad de tiempo pasada en un descenso con una letra del Tesoro con una duración muy corta es cercana a cero o equivale a cero, entonces casi cada día sería un día de comodidad, lográndose un nuevo máximo. Casi no se pasaría ningún día en jornadas de bajada, por lo que la suma de esos días estaría cerca a cero.

Ratio de comodidad ETR (de las letras del Tesoro) = Un número positivo creciente / 0 = infinito

En otras palabras, las letras del Tesoro tienen una ratio de comodidad ETR muy alta.

Otro ejemplo usando el índice S&P 500

En un estudio que ejecuté hace un par de años, obtuve los valores mensuales del índice S&P 500, remontándome a 1993, lo que supone más de veinte años de datos. Luego creé una hoja de cálculo sencilla para calcular la ratio de comodidad ETR mensual del índice S&P 500 y una estrategia temporizada del índice S&P 500 a lo largo del tiempo.

GRÁFICA 37 S&P 500 temporizado frente a comprar y conservar, valor de 1000 dólares invertidos (índice mensual del valor añadido, VAMI).

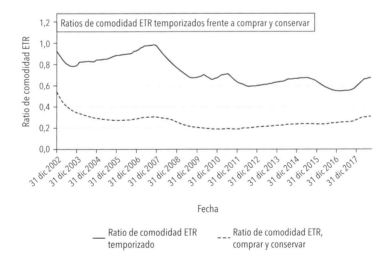

GRÁFICA 38 S&P 500 temporizado frente a comprar y conservar, ratios de comodidad ETR.

En la gráfica 38 puedes ver que después de inicializar la ratio de comodidad ETR desde 1993 hasta 2002, el índice se encuentra entre 0,2 y 0,6 a lo largo del final de los datos en 2019. La ratio debe tener algunos períodos de comodidad y algunos de incomodidad para generar un cálculo razonable. Si usaras sólo un período de comodidad, te encontrarías en la situación de las letras del Tesoro y una ratio de comodidad ETR de infinito. Si simplemente midieses un período de incomodidad, tu ratio sería de cero y básicamente estarías diciendo que estabas incómodo con la inversión a lo largo de todo el período medido. Se usó el período entre 1993 y 2022 para inicializar la ratio de comodidad ETR.

Cuanto mayor sea la ratio, más cómodo te encuentras con la inversión. El mercado bajista de 2008 desplazó realmente el índice a unos valores bajos extremos para el enfoque de comprar y conservar. Sin embargo, el enfoque temporizado sufrió su peor mínimo en 2017. A partir de 2016, las ratios tanto del enfoque temporizado como del de comprar y conservar han ido aumentando constantemente con el reciente mercado alcista.

Lo importante que hay que señalar es que la ratio de comodidad del enfoque temporizado está muy por encima de la de comprar y conservar a lo largo de tiempo. No es de extrañar que los inversores se sientan más cómodos a largo plazo en un enfoque temporizado de la inversión que con la estrategia convencional de «comprar y rezar» que sufre descensos ocasionales del 50 %. Incluir enfoques temporizados en tu estrategia todoterreno te ayudará a incrementar los niveles de tu ratio de comodidad ETR.

CAPÍTULO 14

Evitar los errores comunes

Los mercados son apáticos para con los inversores. Les daría igual si una única pérdida barriera toda tu cartera de inversión. Tampoco se preocuparían si tus activos fueran tan enormemente variados que todo un desplome económico no pudiera hacerle ni un rasguño a tu cartera. Los mercados bajistas y los alcistas seguirán existiendo en una batalla de fluctuaciones entre los compradores y los vendedores, independientemente de cualquier cosa que pudieras hacer con tu trading.

Por supuesto, a ningún inversor le importaría que le pillaran con unas acciones a largo en un gran mercado alcista, pero un mercado alcista no durará para siempre. Lo normal es que haya momentos duros que afecten a todos los mercados, y es importante que te protejas de descensos inesperados.

En muchos aspectos de la vida, la gente abandona rápidamente después de algo de turbulencia. Pese a ello, en esos momentos podemos aprender y mejorar lo que hacemos. Esos momentos malos y las malas decisiones como reacción pueden usarse como tus motivadores para seguir aprendiendo y cometer, gradualmente, menos errores.

Muchos inversores particulares, especialmente los que son nuevos en el mundo de las inversiones, abandonan completamente el trading en los mercados basándose en unas pocas decisiones erróneas. Si no hay un grupo de apoyo formado por personas de mentalidad similar a la tuya a tu alrededor, puede resultar difícil superar estos errores. Sin embargo, un sencillo ajuste en tu mentalidad puede ser la cura.

143

Piensa en los errores como en un mal golpe de salida en el golf. Si estás apuntando al *fairway,* pero golpeas la bola con un efecto no deseado hacia la derecha y acaba en el *rough,* ¿qué haces? Querrás machacar el talón de tu palo contra el suave y verde césped, ¿verdad? Pero no lo haces. Farfullas algunas palabras en voz baja, vas hacia tu bolsa con los palos y analizas lo que podrías haber hecho mejor.

¿Cuál es la mejor parte? Que sigue habiendo una salida. Incluso aunque haya el tronco de un árbol del tamaño de tu carrito de golf entre tu bola y la bandera, sigue existiendo una forma de golpear la bola de vuelta al *fairway* y jugar desde ahí. Puede que no se trate de la solución ideal, pero se sigue pudiendo hacer algo.

No abandonarías y dejarías tu bola en el *rough,* ¿verdad? ¿Dejarías tu carrito en medio del camino con tus palos en la parte posterior y te largarías a casa después de un mal golpe? De ninguna manera. Intentarías recomponerte y te prometerías que el siguiente hoyo iría mejor. Lo mismo debería aplicarse en el caso de tus inversiones.

Cometerás errores mientras operes. Eso es inevitable, especialmente en un momento en el que los precios y los mercados se estén moviendo a unas velocidades muy superiores a lo que lo habían hecho nunca. Cuando todo se movía más lentamente en las décadas de 1970 y 1980, no era tan frecuente ver a la gente meterse en las inversiones sin investigar un poco. Ni siquiera era posible hacerlo. En esa época, tenías que tomar el teléfono, llamar a tu asesor financiero o tu bróker, solicitar los precios en ese momento, esperar a que te contestaran a la llamada y luego decidir tu siguiente movimiento. Te podía llevar todo un día iniciar una nueva inversión. Tenías tiempo para pensarte muy bien tus decisiones.

En la actualidad sólo tienes que clicar con tu dedo en la pantalla de tu teléfono y ya has ejecutado una operación. Para el trader inexperimentado, esto podría conducir a problemas.

No disponer de una estrategia completa

Periódicamente, alguien me envía un mensaje en alguna red social con algo como: «Compré acciones de XYZ a "X" dólares y ahora están a "Y" dólares. ¿Qué debería hacer con ellas?». Ésa no es, ciertamente, una estrategia de trading. Si todos los recuadros que mencionamos en el capítulo 4 no se abordan, tienes una estrategia incompleta. Esto significa que no has pensado bien lo que harás en los mercados ascendentes, descendentes y laterales. No has resuelto tus normas de cálculo del tamaño de tu posición. No tienes un plan de contingencia para los sucesos inesperados. Puede que no hayas hecho un gran trabajo averiguando cómo pretendes ejecutar esta estrategia a la perfección. Cualquiera de estas cosas puede hacer descarrilar tu plan. Crea una estrategia completa y ejecútala impecablemente, y padecerás mucho menos estrés cuando eventos extraños vengan a visitarte. Como recordatorio, he reproducido mi visión de una estrategia de trading completa en la gráfica 39.

Estudia cada recuadro de esta gráfica y pregúntate: «¿He averiguado ya qué aspecto tiene mi trading? Si no es así, piénsatelo un poco y elabora un plan. Los traders con los que me encuentro que están pasándolo mal, normalmente carecerán de algo de lo que aparece en la gráfica 39.

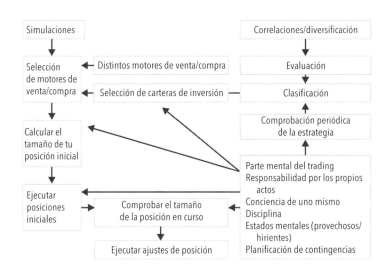

GRÁFICA 39   Una estrategia de trading completa.

No calcular adecuadamente el tamaño de tus posiciones

Como he dedicado todo un capítulo de este libro y he escrito un libro sobre el cálculo del tamaño de tus posiciones de forma adecuada, te ahorraré la repetición. Este capítulo consiste en evitar errores comunes. Un fallo usual que veo cometer a los traders consiste en no disponer de un método constante y lógico de calcular el tamaño de la posición y de gestionarla en cada inversión.

El método para el cálculo del tamaño de la posición de «creo que estas acciones se van a mover de verdad, así que compraré más» no supone un camino para el éxito en el trading. Sí, puede que aciertes con esa operación y que te encuentres que es una gran ganadora; pero a lo largo de las siguientes mil transacciones, si sigues operando así, te encontrarás con algunas por el camino que te darán un disgusto. Le harán mucho daño a tu cartera de inversión.

La otra cara de la situación también es cierta. Haces tus deberes con respecto a unas acciones y estás a punto de comprar mil acciones habiendo calculado bien el tamaño de la posición; pero una vocecita interior te dice: «El mercado está un poco alto ahora y no estoy seguro de que esta compañía vaya a hacerlo bien si la inflación aumenta». Te acabas convenciendo a ti mismo para comprar sólo quinientas acciones y se convierte en tu mejor inversión del año. Tu cartera no obtiene todo el beneficio de la posición porque decidiste comprar la mitad de tu tamaño «normal» en el caso de estas acciones. Entonces procedes a regañarte por no haber seguido tu sencilla estrategia de trading porque tú «sabías más». Yo lo he hecho, y eso no es beneficioso para tu psique en el trading.

Deberías tener un método constante para calcular el tamaño de tus posiciones. Si no dispones de él, regresa al capítulo 10: «¿Cuánto comprar o vender?». Evitar este error común es fácil. «¡Simplemente hazlo!» («Just do it!»), como decía el famoso eslogan de Nike.

No lograr diversificar

Los inversores suelen pasar por alto la diversificación en mercados adicionales porque estudiarlos, crear estrategias para ellos y ejecutar operaciones en ellos conlleva más tiempo y energía. En el momento de la escritura de este libro, poseo algo más de cincuenta posiciones en veinte fondos cotizados en bolsa, treinta y un mercados de futuros y una opción del índice bursátil distribuidos a lo largo de nueve estrategias distintas. Me lleva entre cuarenta y ochenta minutos diarios actualizar todas mis órdenes para las siguientes veinticuatro horas. Ciertamente, he disfrutado de muchos años de práctica en el trading, así que tengo una ventaja aquí, pero alguien que haya dominado la rutina de gestionar una cartera de acciones podría echarles un vistazo a algunos de los contratos de microfuturos y crear una estrategia distinta para ellos. Quizás se podría contemplar un enfoque semanal para vender algunos diferenciales de las opciones de índices bursátiles.

No estoy diciendo que tengas que meterte en cincuenta mercados con docenas de estrategias de la noche al día. Probablemente deberías introducir algo de potencia computacional, y eso te llevaría mucho tiempo. Sin embargo, todo trader que hay ahí fuera podría pensar en diversificar más. No estoy hablando de añadir valores de crecimiento a tu cartera de acciones de crecimiento. Eso no va a proporcionar un gran efecto todoterreno si el mercado de valores general entra en un mercado bajista del -50 %. ¿Qué tal elegir un FBC sectorial de metales preciosos?

¿Podrías, quizás, escoger una estrategia de cobertura temporizada con indicadores que se active sólo durante los movimientos descendentes? ¿Podrías, quizás, escoger cinco contratos de microfuturos extremadamente diversificados que no tengan nada que ver con el mercado de acciones y operar con ellos con un simple indicador y un algoritmo de cálculo del tamaño de la posición para reforzar tu experiencia? No te quedes atrapado en una rutina con tu cartera de inversión. El trading es el trading. Ahora que lo llevo haciendo casi cincuenta años, encuentro que el trading de futuros es más sencillo en muchos aspectos que el trading de acciones concretas.

Un ejemplo sencillo de esto consiste en el uso de FCB en distintos sectores de la economía. Es fácil invertir en FCB porque cotizan en bolsa y pueden diversificar tu inversión a lo largo de varias acciones con una sola transacción. Cuando avanzas incluso más y diversificas tus FCB desplegando tu dinero en FCB de mercados no correlacionados, consigues algo de diversificación. El colapso de un sector puede que te haga algo de daño, pero no te quedarás fuera del juego.

Regresa al capítulo 7 («Diversificación extrema»), para obtener ideas para distribuir tus riesgos.

Evita el error de no diversificar examinando con qué estás operando ahora y haciendo la sencilla pregunta: *«¿Qué más hay ahí fuera que pudiera usar para diversificar la cartera de inversión y hacerla más todoterreno?».*

Confundir un mercado alcista con la inteligencia

Mientras sigues monitorizando y ajustando tu estrategia, recuerda que los mercados alcistas pueden ser peligrosos porque algunas personas los confunden con el talento. No confundas un mercado alcista con la inteligencia. Vigila las tendencias y mantén tus emociones y tu ego alejados.

A lo largo de los últimos catorce años, remontándonos a la época que vino tras el crac económico de 2008-2009, al mercado de valores le ha ido bastante bien. La pandemia de la COVID-19 apenas tuvo efecto sobre las acciones, dándose una caída de alrededor del 35 % a lo largo de un corto período antes de llegarse a máximos históricos de nuevo. Desde entonces y hasta finales de 2021, las cosas han estado ascendiendo tan rápidamente que es difícil seguir el ritmo. Toda la gente activa en el mundo de las acciones a finales de 2021 podía afirmar que estaba obteniendo beneficios y haciendo lo correcto con su trading.

Pero entonces llegó el mercado bajista de 2022. Los comentaristas de la televisión pasaron rápidamente de predecir lo alto que llegaría el mercado de valores a predecir donde iba a estar el fondo del mercado bajista.

Es genial conseguir beneficios con tu cartera de inversión, pero recuerda que una reversión completa se encuentra tan sólo a la distancia de una regulación gubernamental o un suceso en las noticias mundiales. Es importante ser consciente de que nada está garantizado. *El mercado hará lo que tenga que hacer.* Saber esto te permite atacar adecuadamente al riesgo en tu perfil en lugar de ignorarlo estúpidamente y permitir que venga a visitarte.

Empezar con demasiado poco capital

Hablo con traders de todo el mundo, algunos con muy poco con lo que operar y otros con millones. Puedo decir, sin duda alguna, que las carteras de inversión grandes lo tienen más fácil para adaptarse a una estrategia todoterreno en sus inversiones. Las carteras pequeñas tendrán unos mayores costes como porcentaje de su capital y una menor capacidad de diversificación según el instrumento, la estrategia, el mercado o el período de tiempo. Esto siempre dará lugar a que las carteras más pequeñas tengan unos rendimientos más granulares y erráticos y menos predecibles, junto con unos mayores riesgos.

Frecuentemente, un trader tiene un trabajo que no le encanta y se zambulle tanto en el trading que quiere dedicarse a ello a jornada completa, pero no dispone de suficiente capital para llevarlo adelante. Pregunta: «¿Qué consejo puedes darme sobre convertirme en un trader a jornada completa?». Recomiendo quedarse en la situación actual y meter tanto dinero extra en la cuenta de trading como se pueda. *Muchos aspectos sobre las cosas de las que estoy hablando en este libro se vuelven más fáciles con una cartera más grande. Haz que se convierta en una prioridad.*

No comprender completamente lo que estás haciendo

Muchas veces, cuando los traders ven una gran idea que implica alguna nueva opción o instrumento, está listos para subir a bordo. No comprenden realmente cómo funcionan estas cosas nuevas, pero allá van a usarlas. Eso puede conducir al desastre cuando te encuentras con riesgo y los nuevos instrumentos acaban provocando daños. Primero me gusta leer mucho acerca del asunto y poner a prueba cualquier estrategia de inversión potencial, y luego empezar con una posición extremadamente pequeña con la nueva idea. Si mi comprensión de lo que sucede satisfice mis expectativas, entonces puedo incrementar la inversión o la estrategia a su tamaño completo. *Estudia nuevos instrumentos como los futuros o las opciones antes de usarlos para diversificar.*

No tener en cuenta los costes

Cualquier estrategia de trading tendrá unos costes de implementación importantes. Las comisiones son una de las primeras cosas que acuden a la mente, pero algunos brókeres que trabajan con acciones las han reducido a cero. Sigue habiendo un diferencial o margen entre la oferta (el precio de compra) y la demanda (el precio de venta) en cada inversión, y eso te cuesta dinero a lo largo del tiempo. La liquidez de una inversión tenderá a minimizar los costes del margen entre la oferta y la demanda, por lo que podrías monitorizar posibles inversiones que tengan una gran liquidez.

Cuando compras y vendes en una cuenta normal sujeta a impuestos, es probable que sufras consecuencias impositivas con tus beneficios y tus pérdidas. *Asegúrate de que, si has tenido algunas operaciones rentables, reserves parte de tu cartera para satisfacer tus obligaciones relativas a los impuestos.*

Comparar tu cartera con las carteras de otros

Implementar y ejecutar tu estrategia depende de ti. Los mercados en los que inviertes y las estrategias que empleas dependen de tu propia situación vital. Es importante recordar que esas situaciones vitales que te diferencian de otros inversores también contribuirán a la forma en la que funciona tu plan estratégico.

Ejecuta tu propio plan que funcione bien con tu propio perfil. Conoce tus niveles de tolerancia al riesgo e invierte teniéndolos presentes. No mires a la gente que hay a tu alrededor y te preguntes qué está haciendo. Si tu vecino te dice que acaba de tener un trimestre formidable en el mercado, no le preguntes sobre su estrategia e intentes imitarla. ¿Por qué? En primer lugar, porque los mercados cambian rápidamente, y en segundo lugar, porque su estrategia probablemente no encajará en ti ni en tu situación.

Lo mismo se aplica si ese mismo vecino pasa un período difícil mientras tu cartera alcanza máximos históricos. Si encuentras el éxito y la longevidad en el trading con un enfoque todoterreno de éste, me alegraría mucho saber que has compartido este libro o su filosofía con él. Sin embargo, a corto plazo, mantén un perfil bajo, sigue centrado en tu cartera y no te preocupes por lo que estén haciendo los demás.

Las redes sociales tienen miles de traders que hablan sobre todo tipo de posiciones que están comprando, estrategias con las que están ganando una fortuna y predicciones sobre lo que va a suceder la semana que viene con XYZ. ¿Qué tiene esto que ver con tu plan bien diseñado y bien pensado? ¡Absolutamente nada! *¡Ejecuta tu plan impecablemente! Evita distraerte con información que no debería desempeñar ningún papel en tu plan.*

No tener en cuenta tu programa y tu compromiso

Tu horario es algo que debería considerarse. ¿De cuánto tiempo dispondrás para desarrollar una estrategia todoterreno completa? ¿Cuánto tiempo puedes dedicar cada día o cada semana para ejecutar tu estrategia? ¿Tienes una familia que necesita de tu atención o está tu nido vacío? ¿Tienes un trabajo a jornada completa con una flexibilidad limitada? ¿Viajas mucho y tienes un programa de eventos constantemente cambiante?

Ciertas estrategias llevarán más tiempo o necesitarán monitorizarse más frecuentemente. Si el trabajo te hace salir del país durante dos semanas o si tienes que estar disponible de inmediato para recoger a un hijo enfermo del colegio, querrás alejarte de ciertas estrategias de trading. No querrás implementar técnicas que vayan a importunarte en tu vida personal y tus obligaciones importantes.

Cuanto menos tiempo tengas disponible, más a largo plazo y con menos intervenciones tendrás que operar. Cuantos más detalles haya en los que quieras intervenir y cuanto más tiempo y deseo tengas, más probable será que quieras centrarte en estrategias de inversión a más corto plazo. Cuanta más experiencia tengas, más deberías favorecer un camino menos volátil. La respuesta correcta será distinta para cada trader todoterreno. Personalizar lo que haces para ti es el mejor camino para el éxito.

Los que busquen mucha acción y tengan tiempo disponible y una jornada en la que puedan confiar quizás incluso querrían tener en cuenta el trading intradía. Los riesgos por operación pueden ser pequeños, los beneficios pueden acumularse y no es necesario disponer de un capital de millones de dólares. Diría que poca gente con la que me encuentro encajaría en este patrón y que no está hecha para la vida de un trader intradía con la concentración necesaria para tener un buen desempeño.

Una mayor cantidad de traders con los que me encuentro disponen de un tiempo limitado, trabajos a jornada completa, obligaciones familiares y un conocimiento limitado sobre qué están haciendo. Tu situación vital, tu estado civil, tus planes a corto plazo, tus planes a largo plazo y muchas otras variables entran en juego. Aquellos que no tengan en cuenta estos importantes factores generalmente acabarán cometiendo errores costosos y se frustrarán.

Echa un vistazo honesto a tu vida y mira en qué grado puedes comprometerte al trading. Créeme, a los mercados no les importa si tu vida personal está llena de crisis y obligaciones personales. Siguen abriendo y cerrando a la misma hora cada día de trading, al igual que el Sol sale y se pone. Los mercados no sabrán si estás teniendo un mal día o uno bueno. Planea una estrategia que puedas ejecutar con lo que crees que será tu día/semana normal. *No intentes operar de una forma que sabes que no serás capaz de ejecutar consistentemente.*

Incoherencia

Impleméntalo y olvídate. Ésta es una expresión que se ha hecho un hueco en el sector de las inversiones. Piensa en profesionales ocupados como los médicos, los abogados y los líderes empresariales. Disponen de poco tiempo fuera de su ocupación para prestar atención a los cambios que se están produciendo en los mercados. Debido a esto, buscan ayuda profesional y, a cambio de ello, pagan unos pequeños honorarios. Son conscientes de su incapacidad para dedicar una atención suficiente a los mercados como para alcanzar unos resultados positivos en sus carteras. Debido a sus atareadas agendas, saben que no serán capaces de ser constantes con su tiempo. Por lo tanto, contratan a alguien para asegurarse de que se aplique una estrategia a sus carteras a lo largo del tiempo.

Seguirle el ritmo a una estrategia de trading llevará algo de trabajo constante. No hace falta que un trabajo sea exigente para perder la concentración y volverte inconstante. Cualquiera puede verse afectado por esto. Debes permanecer constante en cuanto a tu enfoque práctico, y llegarán cosas buenas, pero eso es así en muchos aspectos de la vida.

El ejercicio, por ejemplo, es algo que deberías tener en cuenta. Encontrar tiempo para hacer veinte o treinta minutos de ejercicio cardiovascular tres veces por semana puede hacer maravillas por tu estado general de salud. Al principio puede que tengas agujetas y te canses, pero con el tiempo, a medida que seas constante con ello, tu cuerpo estará más sano y cosecharás las recompensas por tus esfuerzos constantes. Sin embargo, si empiezas a pifiarla y a saltarte entrenamientos, podrías ir para atrás hasta donde comenzaste y sentirte frustrado.

Lo mismo se aplica a la gestión de una estrategia de trading. No tiene por qué llevar todo el día. Incluso aunque esté de vacaciones en un crucero en el mar del Sur de China (hice esto una vez y no lo recomiendo), puedo encontrar mis entre cuarenta y ochenta minutos habituales en algún momento entre el cierre de los mercados hoy y su apertura mañana. Me descargo los datos, proceso algunas estrategias que están más automatizadas y muevo los *stops* en algunas que no están tan automatizadas. Cuando el proceso se ha llevado a cabo, estoy bien durante veinticuatro horas, hasta que tengo que volver a hacerlo. Es como el ejemplo del ejercicio. Cuando lo haces cada día, vas ganando en agilidad y encuentras formas de hacer que el proceso sea más eficiente. Quizás un poco de automatización informática aquí o una hoja de cálculo puedan ayudarte con la agilización de las actualizaciones de tu mercado.

Evita la inconstancia, ya que hará que tu trading sea más caótico y menos fiable. La inconstancia incrementará las probabilidades de que te frustres con tu trading. *Si, en primer lugar, diseñas las cosas para luchar por la constancia, irás por delante de muchos otros traders.*

Falta de ensayo mental

Aunque ser un trader todoterreno requiere de atacar al riesgo e intentar evitar pérdidas importantes, los errores comunes siguen pudiendo conducir a unos resultados no deseables. La inversión todoterreno consiste en implementar procesos. Consiste en plantear, investigar, diversificar y ejecutar. ¿Los motores de compra/venta presentados en el capítulo 4? Son herramientas que no deberían meterse en un cajón y olvidarse de ellas. Deberían estar presentes y usarse constantemente para su finalidad original.

Cuando esos indicadores se vuelvan verdes y te digan que compres, hazlo. Cuando se vuelvan rojos y te digan que salgas de tu posición, hazlo si todavía no has puesto una orden de *stop*. No le des vueltas. Tus emociones tirarán de ti e intentarán convencerte de que te olvides de esos indicadores que implementas, pero hacerlo haría fracasar el objetivo de todo tu trabajo en la selección de tu propio motor de compra/venta.

¿Qué hay de esos conceptos de cálculo del tamaño de la posición de los que hemos hablado antes? Están ahí para ayudarte. Úsalos. Sopesa cada escenario al que puede que te enfrentes en los mercados y ensaya mentalmente la ejecución de tu plan de forma impecable. Imagínate siendo un trader erudito, llevando a cabo tus movimientos fluidamente y sin emociones implicadas, calculando el tamaño de tus posiciones y transmitiendo tus órdenes. Sin precipitación, emociones ni errores.

Recuerda que uno de los beneficios de un enfoque todoterreno es la reducción de los niveles de estrés.

Cuando tu estrategia predeterminada te esté diciendo que hagas algo, habrá llegado el momento de llevar a cabo un movimiento. *Usa esa hoja de cálculo o la plataforma de trading, ensaya lo que harás cuando te enfrentes a distintas situaciones y lleva a cabo los movimientos que has ensayado.*

Falta de planificación de contingencias

La vida tiene una forma de lanzarte eventos que pueden desviarte o distraerte de tus planes. Estás teniendo un día tranquilo operando fluidamente e Internet se cae, o hay un apagón, o la plataforma de tu bróker no te permite acceder, o tu bróker triplica los requisitos de margen para un mercado que se está volviendo loco debido a los sucesos a nivel mundial. Estas cosas suceden constantemente y, pese a ello, muchos traders no piensan en ellas al planificar lo que harán en el trading.

Crea algunos planes de contingencia. Dispón de respaldos. Allá arriba en las montañas, donde paso los veranos en Arizona para escapar del calor, perdimos el servicio de Internet debido a que una retroexcavadora seccionó accidentalmente una red de fibra óptica. Mi plan de respaldo de Internet es triple. En primer lugar, resulta que sabía que un supermercado con presencia nacional tuvo que disponer de un servicio de Internet dedicado para sus operaciones de cobro de servicios y sistemas de inventario delicados desde el punto de vista financiero. No se encuentra en el servicio de Internet local disponible públicamente. Tiene una cafetería donde puedes almorzar o pedirte un café. Si no recuperaba mi servicio de Internet, me planteé ir allí y ejecutar mis procesos de trading en mi ordenador portátil mediante su sistema de Internet.

El segundo respaldo era un punto de acceso wifi en mi teléfono móvil. Cuando viajo, a veces me encuentro con que no dispongo de Internet o que éste es tan malo que usarlo resulta frustrante. Si me encuentro con que no dispongo de Internet, pero sí de servicio de teléfono móvil, activo el punto de acceso, entro en Internet a través de mi móvil y ejecuto mis procesos en mi ordenador portátil. En este caso concreto, esta opción no estaba disponible porque el incidente con la retroexcavadora también fastidió el servicio telefónico.

El tercer respaldo en la montaña consiste en dirigirme a noventa minutos, a mi casa en Scottsdale. Allí dispongo de un servicio de Internet genial, y esa ubicación no se habría visto afectada por el incidente de la retroexcavadora.

Así pues, ¿era inadecuado pensar en todo esto por adelantado y hacer planes? Claro que no, pero ese día no me estresé porque disponía de un plan de contingencia implementado y estaba preparado para ponerlo en acción. Resulta que la red de fibra óptica se reparó en doce horas y que pude llevar a cabo mi trabajo de la forma normal, aunque un poco más tarde de lo habitual.

La idea es que no debes esperar a que las vicisitudes de la vida se entrometan en tu camino sin disponer de un plan. Puedes imaginar escenarios que interrumpirán tu rutina normal. *Piensa detenidamente en lo que harás si esas cosas suceden y ensaya mentalmente el ejecutar un plan de contingencia. Será mucho menos estresante cuando de verdad tengas que ejecutar tu plan alternativo.*

No permitas que la vida se interponga

Hay otro factor en el que pensar cuando se trata de temporizar el compromiso, y consiste en asegurarse de que la vida no evite que empieces, en primer lugar. ¿Hay gente en tu vida que siempre está hablando de las cosas que debería haber hecho, o que quiere empezar a hacer algo, pero todavía no ha encontrado el tiempo?

Empieza. Nunca va a haber un momento perfecto para empezar algún viaje nuevo. Lo mejor que puedes hacer es ejecutar. Empieza a estudiar. Averigua qué mercados te interesan más y los que no supondrán una carga para tu concentración. La procrastinación no hace sino incrementar la presión psicológica que acompaña a tener o no tener inversiones. Se trata, simplemente, de otro de esos factores estresantes con los que puede que tengas que lidiar.

No permitas que los asuntos típicos de la vida se interpongan. Empieza con un inventario sobre dónde te encuentras en este preciso momento. Empieza a comprender cuáles son las piezas de una estrategia de trading exitosa de las que ya dispongas y de las que necesites obtener. Averigua cuánto capital tienes y cómo puedes meter más en tu cuenta de trading con el tiempo. *Piensa detenidamente acerca de cuánto tiempo dispones para crear y ejecutar una estrategia. Inicia el proceso hoy.*

CAPÍTULO 15

Las inversiones todoterreno y el futuro

Los inversores siempre están buscando la siguiente gran tendencia. Da igual si son profesionales o *amateurs*. Todos están pendientes de la estrategia *única* que creen que les ayudará a maximizar las ganancias con el mínimo riesgo posible.

Invertir tiene que ver con la emoción. Es esta emoción la que asume el mando y también el miedo de perderse algo sobre la nueva y mejor tendencia y los beneficios que podrían acompañarla. Muchos inversores invierten su dinero en una posición segura sólo para acabar cediendo a la tentación de alguna otra cosa que sea nueva y reluciente. Tomemos como ejemplo las criptomonedas a principios de 2020. Antes de ese año, parecía como si el Bitcoin fuera la única criptomoneda que se estuviese usando como herramienta de inversión, principalmente como una materia prima como el oro para cubrirse frente a la inflación.

Desde entonces, nuevas monedas y *tokens* han llegado al mercado a un ritmo de récord y con unos precios que subían como la espuma, pero también ha habido muchas criptomonedas que han salido a la superficie y se han desplomado. Después de todo, de entre miles de monedas en el mismo mercado, no todas pueden ver cómo su valor aumenta. Lo más importante es que la volatilidad ha provocado que algunos inversores en criptomonedas se conviertan en millonarios, mientras otros lo han perdido todo en una ventana de tiempo muy corta.

Convertirte en un trader todoterreno significa diseñar una forma más estable y a largo plazo de lidiar con las inversiones. Cíñete a tu plan y evita algunas de las inversiones de moda con las que parece que se quiere presionar a los inversores en la actualidad. Con eso no queremos decir que invertir en criptomonedas está mal, porque se pueden obtener beneficios. Me lo he pasado muy bien operando con microfuturos de criptomonedas a lo largo de los dos últimos años. Sin embargo, *destinar una cantidad excesiva de tu cartera* o pensar que *ganarás mucho dinero sin ningún riesgo* es un error.

Es importante profundizar más en oportunidades de inversión nuevas, futuras, pero eso tampoco significa que los instrumentos básicos del mundo de la inversión sean seguros. Fíjate en los rendimientos de los bonos en 2022 y los beneficios obtenidos en el mercado de los bonos. Con la Reserva Federal incrementando los tipos de interés para combatir la inflación, los bonos ni siquiera se han acercado a la equiparación con la inflación. Los inversores a los que se les dice que los bonos son inversiones seguras y que dedican su dinero a ese camino están, de hecho, perdiendo capital neto a lo largo del tiempo. Así pues, los bonos, que normalmente se piensa que son una inversión segura, no carecen realmente de riesgo.

Las acciones se están enfrentando al mismo problema. Están sobrevaloradas y se están volviendo cada vez más volátiles. Los inversores minoristas que van detrás de acciones tecnológicas podrían ver ganancias a corto plazo, pero el potencial a largo plazo incluye una gran cantidad de riesgo desconocido y sin protección.

La mayoría de los inversores no saben qué harán si nos encontramos con otro mercado con un descenso del 50 %, como hemos vivido numerosas veces a lo largo de la historia. El comprar y conservar será un viaje frustrante.

Nunca ha habido un momento más arriesgado para ser inversor. Los mercados alcistas y bajistas no pueden durar eternamente. Si crees que las acciones seguirán subiendo entre un 5 y un 10 % cada año continuamente, vete a comprar un fondo indexado y disfruta del viaje estable. Sin embargo, el riesgo opera de ambas formas. Como trader todoterreno, combatirás el riesgo negativo e intentarás hacerlo lo mejor posible para mantenerlo gestionado. Al mismo tiempo, pensarás en formas de asumir ese riesgo y convertirlo en algo positivo para tu cartera de inversión.

Recuerda el objetivo: menos riesgo negativo y más riesgo positivo.

Hay eventos caóticos todo el tiempo. Sólo hace falta una actuación del gobierno o una noticia para hacer que los mercados se muevan en una dirección que dañe a tu cartera de inversión. Es tarea tuya asegurarte de que tu cartera esté protegida de tales eventos.

Determinar el riesgo para el futuro

El futuro incluirá momentos caóticos. Es inevitable. Son dichos momentos los que la gente está intentando evitar. Sin embargo, desear que no hubiese tanto caos no hará que éste desaparezca. En todo caso, me parece que los movimientos caóticos del mercado se han estado dando incluso más frecuentemente a medida que el tiempo avanza.

Es importante saber que el riesgo significa cosas diferentes para cada persona. La primera es el riesgo a corto plazo de la volatilidad. Éste es el riesgo en el que la gente suele pensar primero. Se preocupa por cuánto perderá a corto plazo si los mercados se mueven en una cierta dirección. Esto es algo importante con lo que lidiar diariamente, pero ¿qué hay de algunos riesgos a largo plazo?

¿Qué pasa si los bonos pierden durante diez años como les pasó en la década de 1970 y a principios de la de 1980?

¿Qué sucede si las acciones bajan un 90 % como les pasó durante la Gran Depresión?

¿Qué pasa si las acciones descienden un 60 % como lo hicieron en 2008, pero no vuelven a subir (como les sucedió en 2009)?

¿Qué pasa si nada de la estrategia de 60 % de bonos/40 % de acciones (la favorita de los asesores financieros) funciona?

La gente preocupada por algunos de estos riesgos a más largo plazo no está preocupada por la volatilidad a corto plazo. Piensan en la longevidad de los resultados a corto plazo, tanto buenos como malos. Después de todo, ¿por qué invierte el trader todoterreno? Nos comemos el riesgo y la volatilidad que otros no quieren ni oler y, a cambio, conseguimos beneficios en nuestra cartera.

Piensa en esto cuando empieces a mirar hacia el futuro de tu cartera de inversión. Evitar el riesgo no implica evitar los vaivenes diarios, semanales o trimestrales que se dan en un mercado normal. Eso consiste, en esencia, en preocuparse por el ruido aleatorio que no te echará del juego. Estás buscando evitar el riesgo en tu plan a largo plazo.

Creando un enfoque todoterreno, los riesgos que llegan con los inevitables cambios y movimientos en el futuro están un tanto cubiertos. Mediante la generación de una estrategia general con la que puedas vivir durante mucho tiempo, podrás sobrevivir a todo tipo de caos. Puedes observar al mundo entrar en pánico a tu alrededor y sentirte seguro porque sabes que tienes un plan. Te has preparado mentalmente para el caos y para cómo reaccionarás frente a él, siguiendo con la ejecución de tu plan a la perfección.

En la primavera de 2020, durante las primeras partes del movimiento descendente de las acciones debido a la COVID-19 y los movimientos extremadamente grandes en muchos otros mercados, muchos asesores de trading de materias primas simplemente dejaron de operar. Sentían que estos movimientos eran una locura, y las acciones parecía como si se estuvieran desmoronando rápidamente. Los Tesoros fueron un puerto seguro favorito para muchos. El mercado de valores descendió rápidamente más de un 30 %.

Permanecí con mis estrategias. Estaba cubierto en cuanto a la exposición de mis acciones. Me estaba forrando con los futuros del paladio y los contratos de energía a corto, que acabaron alcanzando unos precios negativos. Éstos fueron unos movimientos enormes que sólo se dan muy de vez en cuando, y yo estuve en todos ellos viendo como el capital de mi cartera subía como un cohete. Cuando resultó adecuado, abandoné posiciones parciales para gestionar mi exposición, de modo que incluso con una volatilidad que batía récords, mantuve mi compostura cada día.

A continuación, vinieron los gritos en las redes sociales: «¿Hemos tocado fondo?» y «Todavía no es el momento de comprar. Espera a la prueba de los mínimos». Sólo había un problema con estas predicciones: nunca se dio una prueba de los mínimos en esta ocasión. El mercado hará lo que tenga que hacer. Los traders que huyeron despavoridos de los mercados durante el descenso, estaban agonizando ahora por perderse el movimiento ascendente que se estaba dando rápidamente. Ejecuté mis procesos todoterreno no modificados cada día a través de esta volatilidad de récord. La cobertura de las acciones terminó, tenía muchas nuevas señales de compra en mis FCB sectoriales a largo y acabé con muchas inversiones a largo en acciones mientras revertía muchas de mis posiciones en los futuros.

¿El resultado? Tuve el año de trading más provechoso de toda mi vida con unos rendimientos de más del 100 %. No te estoy explicando esta historia para fanfarronear, ya que no hice nada especial ni nada distinto de lo que hago, de forma aburrida, cada día. No predije el caos que la COVID-19 traería al mundo. No predije cuánto tiempo les costaría a los golpes desarrollarse o cómo reaccionarían los mercados frente a todas las noticias.

Lo que puedes aprender de mi ejemplo es que, si te has pensado las cosas bien y tienes planes para las épocas caóticas, puedes permanecer tranquilo y seguir adelante. La razón por la que tuve un año tan provechoso fue que la oportunidad se encontró con la acción. No tuve nada que ver en absoluto con que el precio del crudo alcanzara precios negativos en 2020. Medí la dirección, ejecuté una orden de venta con un *stop,* fui a corto, gestioné mis tamaños bien y al final recompré los contratos restantes y operé a largo. El crudo está ahora a más de cien dólares por barril, debido a las tensiones en Europa del Este. No predije ni una parte de eso. Simplemente gestioné el proceso, permití que los resultados se produjesen y disfruté del camino.

Predecir el futuro

¿Por qué elegir ser un trader todoterreno? El beneficio de usar estas estrategias es que tienes una probabilidad de generar rendimientos positivos incluso aunque los bonos y las acciones no tengan una tendencia positiva durante un largo período. En un mundo en el que estas dos son las opciones más comunes en cuanto a las inversiones, un escenario en el que las dos tengan una tendencia descendente podría tener unos resultados negativos duraderos sobre tu patrimonio neto.

Cuando se trata de pronosticar y predecir el futuro…, pues bueno, las predicciones apestan. Había un libro que salió después del Lunes Negro que hablaba de dos posibilidades potenciales para los mercados: una recesión o una depresión. ¿Qué sucedió? Ninguna de las dos. En lugar de ello, los mercados entraron en un período alcista durante más de una década.

En 1989, Japón era la segunda mayor economía del mundo, preparada para arrebatarle a EE. UU. el primer puesto. Si en 1989 le hubieras dicho a cualquiera que Japón entraría en un mercado bajista durante treinta y cinco años, se te habrían reído en la cara, pero eso es exactamente lo que sucedió.

Nadie puede predecir los mercados, y ésa es la razón por la cual hay tanto riesgo implicado; pero ese riesgo es lo que aporta la recompensa. Cualquiera que afirme que puede hacer unas predicciones precisas te está intentando vender algo, y lo más probable es que no vaya a ser algo que dure diez, veinte o treinta años.

Un trader todoterreno puede comprender dónde obtendrá beneficios y dónde conseguirá unos resultados deslucidos. No importa cómo reaccionen los mercados. Una estrategia de trading todoterreno era mejor que cualquier otra cuando desarrollé los conceptos de mi propia cartera, y eso sigue siendo cierto en la actualidad. Independientemente del tipo de iteraciones o tendencias que se den en los mercados, ser un trader todoterreno es la única forma en la que puedo pensar que produzca unos rendimientos constantes y razonables.

Piensa en lo que nos reserva el futuro, y no estamos hablando de predicciones del mercado aquí. Piensa en los mercados solamente. La facilidad de entrada se está volviendo cada vez mayor a cada día que pasa. Los ordenadores y la tecnología móvil están teniendo una mayor presencia. Las aplicaciones de software permiten que se introduzca más dinero en los mercados a velocidades que esos mercados no están acostumbrados a ver. Los períodos volátiles no harán sino ser mayores en cuanto a frecuencia y magnitud.

Un trader todoterreno está listo para ocuparse del caos que vendrá si el software sigue teniendo ese efecto de incremento de la volatilidad. La única razón por la cual no oyes hablar de este enfoque con más frecuencia es porque los gestores de cartera todavía no han dado con una forma de transmitir a sus clientes los aspectos positivos de ser un trader todoterreno. Algunos son demasiado grandes como para lidiar con el tamaño que deben mover con las operaciones y otros están demasiado preocupados por seguirle el ritmo a los grandes beneficios a corto plazo que una minoría selecta está consiguiendo e intentan alcanzar esos rendimientos sin abordar el riesgo relacionado con eso. Por mi experiencia te puedo decir que lo aburrido no genera grandes cantidades de clientes nuevos con muchos activos.

Estar a la altura de otros gestores de cartera no es mi realidad. Estoy jubilado, soy feliz con mi vida y mi estilo de vida, y quiero la estabilidad que me aporta el ser un trader todoterreno. Como humanos necesitamos algo de confirmación de que nuestro dinero no corre peligro. Ésa es la razón por la cual compramos tantos seguros, pero esos seguros deben estar implementados antes de que llegue la tormenta. Una vez que aparezcan las señales de una tormenta en el radar, será demasiado tarde. Las compañías de seguros no te permitirán contratar una póliza. Debes hacerlo de antemano.

Genera un seguro de tus propios activos implementando el enfoque todoterreno. Entonces dispondrás de un plan para lidiar con lo que sea que aparezca en tu camino.

Fracaso del estudio

El fracaso se da frecuentemente en nuestro sector, pero pese a ello el razonamiento se pasa por alto. Otros asumen que el fracaso se ha dado debido a decisiones desinformadas o a la mala suerte, pero, ciertamente, había estrategias que implementar antes de que se diese el fracaso.

Todos estudian el éxito, pero la sabiduría yace en estudiar el fracaso. ¿Qué estaban intentando hacer las personas que han «fracasado»? ¿Cuál era su mentalidad? ¿Qué malinterpretaron? Puedes aprender muchas cosas que otras personas no aprenderán porque sólo estudian historias de éxito.

Existe la idea equivocada de que la temporización tiene todo que ver con el éxito de tu cartera de inversión, o que alguna otra variable es la única importante. Simplemente no es cierto. Estudiar algunos de estos fracasos te permite ver la necesidad de un enfoque más amplio y global.

La Gran Depresión de Argentina en 1998 se dio debido a su economía cerrada.

La crisis financiera rusa en 2014-2017 se produjo porque estaba tan centrada en sus exportaciones de petróleo que cuando los precios cayeron casi un 50 %, no tuvo nada en lo que apoyarse.

El colapso japonés en 1989 se debió a unas valoraciones exageradas de las acciones y las propiedades inmobiliarias.

¿Qué aprendimos de cada uno de estos fracasos? Una categoría de activos pujante puede permanecer así sólo un tiempo limitado. Al final se da una corrección, y ese activo debería haber sido protegido (cubierto) o vendido. Como trader todoterreno, tengo tantas inversiones distintas y no correlacionadas en mi cartera a la vez que siempre hay algo que puede que se esté moviendo y que ayude a la cartera en su camino hacia el éxito. Cuando un mercado está pasando una mala época, otras partes de la estrategia pueden sacar las castañas del fuego.

Toma este enfoque y opera con él

Tal y como he reiterado, el enfoque 60/40 es uno de los métodos más comunes usados por los inversores minoristas. Es seguro y pese a ello permite un potencial para el crecimiento. Con un 60 % de tus activos en acciones, dispones de suficiente carne en el asador para ver algo de crecimiento que sea compatible con tus objetivos para el futuro; y con un 40 % en bonos, dispones de una inversión que normalmente se mueve más lentamente para diversificar la cartera y amortiguar las potenciales pérdidas con las acciones a lo largo del camino.

La inversión todoterreno extremadamente diversificada es conceptualmente similar al método 60/40, con muchos más niveles de seguridad añadidos a la mezcla. No es algo increíblemente emocionante. Es poco original. Encuentra el riesgo en distintos mercados y ataca esos riesgos, intentando cosechar recompensas.

Nuestro objetivo aquí consiste en estar aburridos con el éxito. Cada victoria no tiene que conseguirse con una carrera alocada hasta la línea de meta. ¿Cuándo fue la última vez que viste un maratón emocionante?

Recuerda que sólo necesitas cuatro pasos para empezar adecuadamente con esta estrategia:

1. Escoge mercados que encajen con tu personalidad y tus objetivos.
2. Implementa un motor de compra/venta que te diga cuándo comprar y cuándo vender (y actúa de acuerdo con él).
3. Conoce el nivel de activos de tu cartera y cuánto arriesgarás en cada posición, calculando el tamaño de las posiciones consistentemente.
4. Ten la durabilidad presente y prepárate para los golpes y sorpresas que te lanzarán los mercados.

Parece fácil, pero muchos lo pasan mal con las cosas fáciles. Los inversores me dicen todo el tiempo: «Ciertamente, si quieres tener éxito con las inversiones, tiene que ser complicado». Ésa es la forma de pensar de muchos inversores. Sólo es sencillo si tienes la disciplina mental para ejecutarlo impecablemente. Debes acatar las estrategias y las normas que implementes. Usa el *software* fácilmente disponible para gestionar tus inversiones o contrata a otra persona para que las gestione. Independientemente de cuál sea tu opción, dispones de muchas herramientas para ayudarte. Todo depende de lo que quieras canjear: una fracción de tus ganancias por un enfoque en el que no intervengas, con otra persona gestionando las acciones cotidianas; o tiempo e investigación por un enfoque activo. Ninguna de las dos opciones es incorrecta. La única opción equivocada es la de evitar el riesgo mediante la evitación de los mercados. Con la inflación, esa decisión probablemente dará como resultado una pérdida neta de riqueza a largo plazo. Esto es similar a lo que le sucedió a mi padre con los certificados de depósito.

Las oportunidades están ahí fuera. No te dejes tentar por la trampa del comprar y conservar. Puedes ser el autor de un plan increíble para ti mismo, creando una riqueza generacional y asentándote a ti y a tu familia en el camino del bienestar financiero mientras disfrutas siempre del viaje.

Todo el ecosistema de las inversiones gira a tu alrededor. El mercado de valores, el de los bonos, los futuros, las criptomonedas, los fondos mutuos, el capital privado: todos ellos dependen de ti. Tú eres el que invierte su dinero en estos mercados. No es de extrañar que haya tantas opciones ahí fuera en las que puedes invertir. Cada mercado quiere tentarte con sus atractivas ofertas.

Piensa en la psicología que hay tras ello. Imagínate de pie en medio de una habitación con un billete de un dólar en tu mano y cientos de otras personas de pie, formando un círculo a tu alrededor, todas ellas gritando sobre por qué merecen ese dólar tuyo y cómo pueden hacerlo crecer para ti. Hay mucho estrés implicado en la toma de esa decisión, pero también hay mucho estrés y riesgo implicados en cada uno de estos mercados disponibles.

He probado con muchos estilos de trading en mi época dentro y fuera del sector de la gestión de carteras, y ser un trader todoterreno ha encajado conmigo mejor que ningún otro. ¿Quieres pruebas? No he escrito un libro que explique simplemente otro proceso de inversión o de trading. Ésta es la culminación de décadas de experiencia en el trading y de llegar a un lugar en el que, mentalmente, me siento completamente cómodo con sugerir algunos de estos conceptos a traders que estén teniendo dificultades para encontrar su camino. Es mi forma de devolverle algo al sector que tanto me ha dado durante mi vida.

El objetivo de este libro es hacerte la vida más fácil desde el punto de vista psicológico. Escuchar las promesas que hacen todas esas personas que están de pie a tu alrededor y que están rogándote que les des ese dólar puede ser perjudicial para tu salud mental y conducir a decisiones de inversión dirigidas por las emociones. Normalmente, los inversores le dan todo su dinero a una idea de inversión prometedora, o quedan tan paralizados por el análisis y la indecisión que no toman ninguna decisión en absoluto, con lo que, en cualquier caso, se pierden ganancias potenciales. Lo que es incluso peor es que he tenido amigos en las redes sociales que han sido engañados para que pensaran que estaban recibiendo mensajes directos míos e invirtiendo en algo prometedor. De hecho, alguien había copiado enteramente mi perfil, mis fotografías y mis publicaciones y les había timado llevándose parte de su dinero en un engaño relacionado con las criptomonedas. Nunca vendo inversiones en las redes sociales.

Como trader, tú eres el que dedicas tu dinero a una estrategia de inversión, y mereces los beneficios. Estás proporcionando algo de valor a los sectores a los que va tu dólar, y ese valor debería verse correspondido; pero no obtienes algo por nada. Debes atacar los riesgos inherentes a distintas inversiones, ya que ocultarte de ello significa esconderte de los mercados, y no recibirás rendimientos si no proporcionas algo de valor al ecosistema. Esto se aplica a cualquier cosa. Tanto si estás operando con acciones como con artilugios, no obtendrás algo por nada.

Mantén tus expectativas realistas mientras te conviertes en un trader todoterreno. Has de saber que se darán descensos y que no debes asustarte. Si estás consiguiendo unos beneficios de entre el 8 y el 10 % año tras año, ya operes por tu cuenta o a través de un fondo, lo estarás haciendo mejor que la mayoría. ¿Te ofrece tu empleo un aumento de sueldo de entre el 8 y el 10 % cada año? Lo dudo.

Una última cosa que recordar consiste en no regodearte de tus ganancias frente a aquellos que puede que no están viajando a tu lado por el camino ascendente. Un dicho que tengo en la pared, al lado de donde opero, es: «A no ser que seas humilde frente al mercado, el mercado dará con la forma de enseñarte humildad». Esto no es una competición. Es un rompecabezas a largo plazo que todos estamos intentando resolver. Estamos jugando un torneo de golf de cuatro jornadas en medio de una temporada llena de torneos, y no simplemente un hoyo. Estamos diseñando una estrategia para nuestras siguientes mil operaciones, y no centrándonos en la operación que acabamos de completar.

Y eso es todo de parte de este trader todoterreno. Te he ofrecido todo lo que sé sobre convertirse en un trader todoterreno. Te he proporcionado diversas ideas con las que puedes trabajar y que puedes adaptar para ti mismo. Tienes la caja de herramientas y ahora puedes usarla como quieras. Crea un plan, ejecútalo impecablemente y, por supuesto, *disfruta del viaje.*

FIN

Thomas F. Basso, que actualmente está jubilado, fue el director general de Trendstat Capital Management, Inc., una empresa de la Asesoría en Inversiones y Trading de Materias Primas Registrada (AITMPR). En su mejor momento, Trendstat gestionaba 600 millones de dólares de clientes de todo el mundo desde Scottsdale (Arizona). Tom obtuvo su licenciatura en Ingeniería Química por la Clarkson University. Consiguió su máster en Dirección y Administración de Empresas por la Universidad del Sur de Illinois. Ha participado como arbitrador para la Asociación Nacional de Comerciantes de Valores y la Asociación Nacional de Futuros (ANF), y fue director del Consejo de la ANF, ocupando uno de los asientos como asesor de Trading de Materias Primas/Operador del Consorcio de Bienes Tangibles en dicho consejo.

Además, Tom prestó sus servicios en el subcomité de Tecnología y Estándares de la ANF durante tres años. Hizo lo mismo en el Consejo de Directores de la Asociación Nacional de Gestores de Inversiones Activas (ANGIA) y fue uno de los directores de CreaMiser, Inc., que es ahora una división de Dean Foods, que es el proveedor líder de distribución de nata a granel en EE. UU. Formó parte del Comité de Gestión de Lamp Technologies, una compañía tecnológica con sede en Dallas especializada en soluciones de la parte administrativa y la subcontratación para el sector de los futuros y los fondos de cobertura. En 2019, Tom se convirtió en el director del Consejo de Standpoint Alternative Asset Management, que gestiona un fondo con una mezcla de setenta y cinco grandes mercados mundiales de macrofuturos y valores globales. El fondo está gestionado por Eric Crittenden, y proporciona a los inversores una exposición a un enfoque en las inversiones de gestor único, multiestrategia, multimercado y todoterreno. La compañía gestiona más de 500 millones de dólares y es una de las empresas con un mejor rendimiento en su categoría (www.standpointfunds.com).

Los antecedentes de Tom en los campos de la ingeniería, las matemáticas y la informática le proporcionaron la capacidad de desarrollar una amplia gama de programas de inversión para aprovechar las oportunidades en los mercados financieros de todo el mundo. Actualmente es consultor de una nueva plataforma de simulación de trading y de órdenes alojada en la nube.

Es el autor de *Panic Proof Investing*, y fue uno de los traders que aparecían en *Los nuevos magos del mercado: entrevistas con traders legendarios*, un libro sobre traders exitosos escrito por Jack Schwager. El libro de Tom, *Successful Traders Size Their Positions—Why and How?*, ha sido un éxito entre los traders de todo el mundo que están intentando gestionar el tamaño de sus posiciones. El libro de Michael Covel, escrito junto con Tom, *Trend Following Mindset*, ha recibido grandes elogios de traders que están aprendiendo el proceso de un trading exitoso.

Tom lleva jubilado desde 2003 y disfruta diversas actividades, entre las que se incluyen el golf; la escritura; la elaboración de vino; la cocina; cantar en algunas corales; hacer ejercicio; viajar con su mujer, Brenda, y ayudar a los traders a través de su página web como jubilado, enjoytheride.world. Esta página ofrece libros, vídeos, fuentes, investigaciones, webinarios, seminarios y otros recursos útiles para los traders.

Twitter: @basso_tom
Facebook: www.facebook.com/enjoytheride.world
LinkedIn: www.linkedin.com/in/tom-basso-7786a01a3
Gettr: @basso_tom
Truth Social: @basso_tom
Telegram: @basso_tom
MeWe: mewe.com/i/tombasso
Parler: @enjoytherideworld
Instagram: www.instagram.com/masobasso

ÍNDICE